VESTIR CON ESTILO

VESTIR CON ESTILO

Las propuestas de María de León para acertar en 50 situaciones cotidianas

MUJER & MUNDO

MADRID BARCELONA LONDRES NUEVA YORK
MÉXICO D.F. MONTERREY BOGOTÁ BUENOS AIRES

Colección Mujer & Mundo
Editado por LID Editorial Empresarial, S.L.
Sopelana 22, 28023 Madrid, España
Tel. 913729003 - Fax 913728514
info@lideditorial.com
LIDeditorial.com

No está permitida la reproducción total o parcial de este libro, ni su tratamiento informático, ni la transmisión de ninguna forma o cualquier medio, ya sea electrónico, mecánico, por fotocopia, por registro u otros métodos, sin el permiso previo y por escrito de los titulares del *copyright*. Reservados todos los derechos, incluido el derecho de venta, alquiler, préstamo o cualquier otra forma de cesión del uso del ejemplar.

Editorial y patrocinadores respetan íntegramente los textos de los autores, sin que ello suponga compartir lo expresado en ellos.

© María León 2012
© Juan Carlos Escribano 2012, de la presentación
© Belén Junco 2012, del prólogo
© Juan Garaizabal 2012, de las ilustraciones
© Alex Rivera 2012, de las fotografías
© LID Editorial Empresarial 2012, de esta edición

EAN-ISBN13: 9788416894932
Editor de la colección: Nuria Coronado
Diseño de portada: Javier Perea Unceta
Dirección de arte y maquetación de interiores:
Javier Perea Unceta (ideas@fjpu.es)
Impresión: Cofás, S.A.
Depósito legal: M-20066-2012

Impreso en España / Printed in Spain

Primera edición: mayo de 2012
Segunda edición: junio de 2012
Tercera edición: septiembre de 2012
Cuarta edición: junio de 2017

A mis padres por darme la oportunidad de estar en este mundo y poder vivir experiencias maravillosas como es esta de escribir un libro.

Índice

Carta de presentación 09
Prólogo 11
Introducción 15
Acéptate como eres 19
Vístete de acuerdo con tu personalidad 23
Sácate el máximo partido ..29
¿Qué prendas debe incluir un buen fondo de armario? 41
Huye del fenómeno fashion victim 49

Los 50 looks

En casa
Pijama 56
De relax en casa 58
Limpieza y orden 60
Recibir en casa 62
Salgo rápido de casa..............65

Con la familia
El sí de las mamás 70
Para quedar con tu suegra 72
Herencia de la abuela 74

En el trabajo
Trabajo formal 80
Trabajo creativo 82
24 horas fuera de casa trabajando ..84
Bloguera 88
¡Me voy de *casting*! 92

Con los amigos
El *brunch* con amigos 96
Cena de verano 98
Concierto...........................100
Camiseta y jeans 102

Para estar en forma
¡Me siento gorda! 106
A esquiar 108
En el gimnasio 111
Jugando al golf 113
En el spa 116

Como el tiempo...
¡Qué calor!.........................120
Para bajar a la playa 122
¡Al agua! 125
Hoy llueve 128

Para todo tipo de planes
¡Me voy de compras! 132
Para el campo 136
Un día en barco 138
Una tarde de toros 140
Flamenco...........................142
Semana Santa 145
Ópera...............................148
Para viajar en avión 150
Viaje aventurero 153
Fiesta de disfraces 156
Imitando a mi icono 158

Eventos especiales
Bautizo o comunión 162
Invitada a boda de día 164
Invitada a boda de noche 167
Funeral 169
Cóctel 171
Evento *trendy* 173
Entre artistas 176
Alfombra roja.....................179
Fin de año 182

En pareja
Cita a ciegas......................186
Cena romántica 188
¡Me caso por lo civil! 190
¡Me caso por la iglesia! 192

Carta de presentación para alguien que no necesita presentación

Cuando María de León se incorporó al Grupo Cortefiel, trabajando como directora de Comunicación de Pedro del Hierro tenía por delante un reto importante y el listón muy alto. El trabajo realizado hasta entonces por Carla Royo-Villanova había sido intenso y su impronta, su personalidad y su ritmo de trabajo difíciles de superar.

La frescura de María, esa claridad, transparencia y simpatía que la rodea constantemente, podían hacer pensar que, para ella, gobernar la comunicación de una firma internacional dentro de una compañía multinacional como la nuestra en el turbulento y fascinante mundo de la moda podía suponer un desafío demasiado denso.

Pero algo en la determinación con que afronta los retos y la claridad en sus respuestas, unido a su elegancia vital y estructural daban la pista de lo que podía ser un buen revulsivo para PdH.

Y lo está siendo.

Por eso, y porque su modo de ver y hacer las cosas es radicalmente natural, elegante, desprovisto de artificio, antagónico de la arrogancia, creo que María es la persona idónea para ayudar a los lectores a escoger, a potenciar su elegancia natural, su estilo y a actuar con una corrección que es imposible fingir.

La elegancia no es más que la evolución y el desarrollo de la sensibilidad en el comportamiento de la sociedad humana durante miles de años a la hora de elegir y escoger para conformar la actitud de una persona. Esta actitud se muestra en aquellas cosas y personas de las que se rodea y de la imagen que proyecta de sí misma a la sociedad.

Lo difícil a veces es discernir cuál es el modelo o el criterio y si este es real o construido sobre los falsos cimientos de la vanidad y el artificio.

El criterio de María en este punto es de una realidad y una calidad natural que será de inestimable ayuda a los lectores de este libro.

Juan Carlos Escribano
Exconsejero delegado de Grupo Cortefiel
Consejero delegado del Grupo Palacio de Hierro

Prólogo

En el trepidante mundo que nos ha tocado vivir recibimos multitud de mensajes que hacen que cada vez sea más difícil descubrir una guía que nos ayude a encontrar un estilo personal. Las antiguas reglas parecen no ser ya válidas. Las temporadas se acortan y se hacen más efímeras, los supuestos gurús parecen ser todo menos gurús, las líneas que separan lo bello de lo estridente son cada vez menos claras…

Así, acertar en las diferentes situaciones a las que nos enfrentamos cada día es una tarea cada vez más compleja. Todos hemos sufrido en alguna ocasión la desagradable sensación de habernos equivocado con lo que llevamos puesto. Porque, queramos o no, vivimos en sociedad y en ella nos tenemos que desenvolver tanto en el plano personal como profesional.

Por todo ello, era necesario concebir una obra que pusiera un poco de luz entre tanta confusión, un soplo de aire fresco que, desde un punto de vista natural y elegante, nos ayude a saber vestir de forma adecuada en todos aquellos momentos que vivimos habitualmente. Y en los que no son tan frecuentes.

Si quien lea este prólogo no conoce a la autora podrá pensar que soy una exagerada y si la conoce que me he quedado corta. Hablar de una persona tan conocida por su exterior y por su vida social como desconocida en su interior y vida íntima, no es fácil. En estas ligeras y humildes líneas, solo voy a intentar explicar que nuestra autora es mucho más que una imagen bonita y un cuerpo de escándalo.

Enamorada de su trabajo y luchadora incansable por conseguir lo que quiere, va dando pasos de gigante, con la elegancia que la caracteriza, en el mundo de la moda y de la comunicación. Comunicadora y relaciones públicas de Pedro del Hierro, bloguera de HOLA.com, ahora también escritora y periodista incansable de casi todo lo que sucede (siempre va con su cámara para luego informar de sus vivencias e impresiones en un alarde de generosidad que agradeceremos), nos descubre a las mujeres en este libro todos sus secretos de estilo y belleza. Porque María tiene algo poco habitual y, en su caso, innato: María tiene clase, mucha clase.

Seguro que le viene de cuna y que está en sus genes. Pero ella lo cultiva, lo moderniza, lo traslada al momento actual y lo derrocha con humildad.

Las imágenes del libro, sus fotografías (la autora interpreta genial cada momento), casi no necesitarían texto alguno. ¡Qué maravilla saber de una manera tan sencilla y simpática cómo ir a una primera cita, a un funeral, a una boda de día o de tarde!

Y qué podemos decir de esa María de estar en casa, divina con una amplia camisa masculina, sentada en el suelo rodeada de libros y junto a su ordenador. ¿Y de la María jugadora de golf? ¡Qué clase! Si os fijáis, la premisa de «más es menos» es su norma de la elegancia. Nada es estridente, exagerado o chirriante.

Ella sabe, y así nos lo dice en su libro, que lo primero es aceptarnos como somos. Lo segundo, no convertirnos en *fashion victims* y, a partir de ahí, comenzar a trabajar.

Belleza, estilo, espíritu, ánimo, corazón, espontaneidad… Este libro es el conjunto de estos atributos y virtudes que nuestra autora derrocha y atesora. Y María, sobre todo generosa, ha querido compartirlo con nosotros, comunicándonos todos los secretos que la han convertido en lo que ahora conocemos como *it girl*, pero que de nuevo, repito, es sencilla y llanamente lo que siempre se ha conocido como clase.

María León la tiene y la rezuma por todos los poros de su piel, en el movimiento de sus manos, en la cadencia de sus pasos, en su prudencia al hablar, con sus generosos silencios y sus largas sonrisas. Y todo ello acompañado de sus graciosos ademanes andaluces.

Hoy en día, cuando las apariencias se han convertido casi en nuestra primera carta de presentación, la autora nos aconseja y nos convence de que la mejor carta de credenciales es ser uno mismo, realzando nuestras virtudes y puliendo nuestros defectos. Y, por supuesto, y esto lo digo yo, ¡siguiendo sus consejos!

Belén Junco
Directora adjunta de la revista *¡HOLA!*

 Si quieres saber cómo fueron las dos jornadas de trabajo para producir las fotografías de los 50 *looks* que componen este libro, descárgate el vídeo al que enlaza este código QR.

Introducción

Todavía recuerdo cuando era niña y acudía junto a mi madre al taller de los diseñadores Victorio & Lucchino, en quienes ella solía confiar para la mayoría de sus acontecimientos importantes. Aquellos momentos tan especiales para mí, en los que fui testigo de la magia de estos genios sevillanos, fueron mi primer contacto con el mundo de la moda. Lo que entonces no podía imaginar es que serían el principio de una gran aventura que me tenía deparada el destino.

Ha llovido mucho desde aquellos días. Ahora tengo 31 años y, desde 2003, ininterrumpidamente, me he dedicado a la comunicación de moda. Si tuviese que hacer balance, lo tendría claro: la moda sigue siendo para mí algo mágico, lleno de ilusión, fantasía y creatividad, un mundo que me inspira y que forma parte de mis sueños, al igual que entonces.

Cuando me preguntan cómo he conseguido llegar hasta aquí, la respuesta es sencilla: con paciencia, esfuerzo, tesón, capacidad de absorber todo lo me encuentro en la vida… y también, no lo voy a negar, con un poco de suerte. Suerte porque, una vez terminada mi carrera de Ciencias del Medio Ambiente, conocí a Eric Yerno, uno de los socios fundadores de la agencia de comunicación Replica que sigue existiendo a día de hoy. Él se convirtió en un exigente maestro del que aprendí las claves para ser una buena comunicadora de moda. Comencé a trabajar para él como becaria y, con el tiempo, llegué a ser responsable de cuentas como Celine y Champagne Ruinart (ambas del grupo LVMH) y, también, de Victorio & Lucchino.

Estos fueron los comienzos, que me llevaron a convertirme, desde el año 2009 hasta hoy, en directora de Comunicación de Pedro del Hierro, una firma con la que me siento totalmente identificada. Como os podéis imaginar, un porcentaje muy elevado de mi armario está compuesto por piezas de esta marca tan querida por mí. Algunas de ellas las veréis en este libro. En especial, siento verdadera devoción por los vestidos de alta costura, que suelo lucir en los eventos más importantes de moda y que las diseñadoras de la firma –un equipo formado por grandísimas profesionales– confeccionan a medida y con especial cariño.

Junto a la comunicación de moda, otra de mis grandes pasiones es la escritura. Lo descubrí cuando Josefina Figueras –creadora de www.asmoda.com– me propuso, hace ya casi cuatro años, escribir un blog para su revista de moda digital. La idea me atrajo en seguida, porque se me antojó como una vía perfecta para transmitir mis conocimientos y vivencias profesionales. Así nació www.elblogdemarialeon.com.

Durante todo este tiempo he sido fiel a la pantalla, como lo han sido también mis lectores conmigo. Escribir para ellos ha supuesto una experiencia muy enriquecedora ya que me ha ayudado a compartir ideas y anécdotas con otras personas a las que de otro modo no habría conocido.

A lo largo de estos años, el blog ha ido transformándose y profesionalizándose cada vez más. En él hablo y doy consejos sobre moda, comparto mis experiencias viajeras y mi visión acerca del arte, recomiendo lecturas, lugares de interés, películas y respondo a las dudas de miles de chicas y chicos que no saben qué ponerse en determinadas ocasiones y que quieren saber cómo combinar prendas o conocer las últimas tendencias.

Es un trabajo apasionante que me ha permitido adentrarme en un mundo en el que he conocido personas y proyectos con los que he colaborado y sigo haciéndolo. En la actualidad, el blog también puede leerse en la página web de la revista Hola, www.hola.com (http://blog.hola.com/marialeon/). Por otro lado, mi aventura digital se ha completado con un álbum de fotos en la web de la revista *Yo Dona* (www.elmundo.es/yodona), el suplemento de moda de *El Mundo,* en el que cada día comparto mis estilismos con mis seguidoras.

También he tocado otras vías de comunicación como la radio y la televisión, ya que he colaborado en Veo TV haciendo vídeos que enseñaban la moda a pie de calle y he participado de forma habitual en el programa de radio *La gran manzana* de la Cadena Cope como comentarista de moda.

Tras la buena experiencia vivida con mi blog y dispuesta a seguir avanzando en mi faceta literaria, solo me quedaba escribir un libro. Y aquí lo tenéis, en vuestras manos. Mi objetivo a la hora de escribirlo ha sido compartir las claves para saber vestir de forma correcta en las distintas situaciones que se nos presenten en la vida cotidiana, no solo en las grandes ocasiones. ¿Quién no duda a veces a la hora de vestirse para ir al trabajo, para quedar con los amigos, ir al gimnasio o para dar un paseo por la tarde? En este libro desvelo algunos de mis *looks* preferidos.

¿Que cómo surgió la idea? Pues recordando una anécdota que viví hace seis años, cuando residía en Los Ángeles. Un día visité a una pareja amiga americana, que me mostró su espectacular vivienda de Malibú. Una de las cosas que más me impactó fue un enorme vestidor en el que se encontraban unos libros de fotografías preparados por su asesor de imagen personal, donde se proponían distintos *looks* con la idea de que no tuvieran que pensar ni un solo segundo qué ponerse cada vez que abrían el armario: ir a la compra, a la playa, al gimnasio, a una cena, a una boda... Me gustó la idea y la dejé reposando en mi cabeza hasta que ahora he podido llevarla a cabo.

En definitiva, me gustaría que vosotros, lectores, utilicéis este libro a modo de manual. Que os sirviera de ayuda para consultar diferentes estilismos que podéis llevar en el día a día aunque, claro está, cada uno debe adaptarlo a su propio gusto y estilo. Al fin y al cabo, esa es la magia de la moda: aunque parezca igual para todos, a cada uno nos hace diferentes.

> En la moda existen reglas y la más importante es aprender a mirarse y a aceptarse, no pensar que porque otra usa un estilo yo también puedo hacerlo. Hay que adaptar la moda a una.

Franca Sozzani
(Directora de *Vogue Italia*)

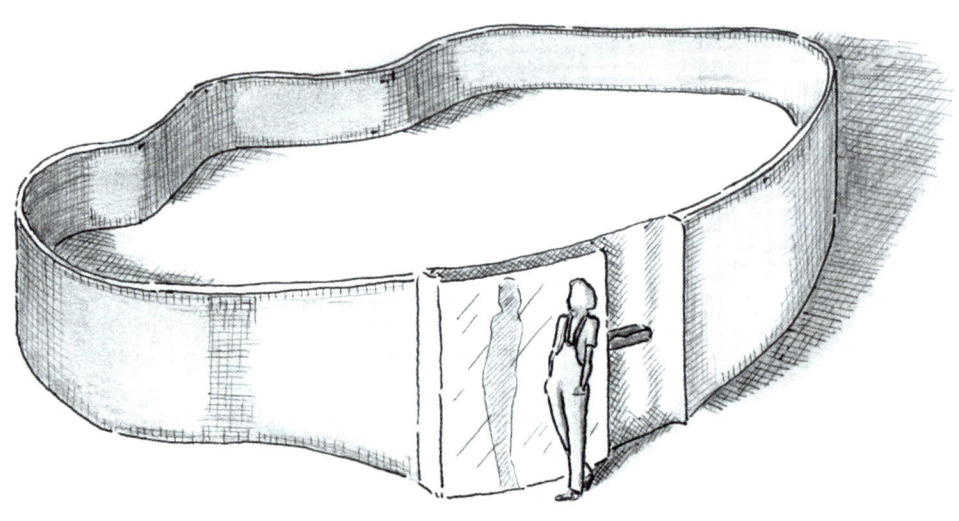

Acéptate como eres

De poco nos sirve vestirnos de una forma adecuada, adquirir un buen fondo de armario o conocer cómo es nuestro cuerpo si no nos aceptamos como somos. Este es el primer y más importante de los pasos que uno debe tener presente. Todos tenemos cualidades, solo hay que saber encontrarlas, potenciarlas sin complejos y dispuestas a dar a conocer a los demás nuestro atractivo.

En ocasiones, sobre todo nosotras, nos exigimos demasiado y encontramos un sinfín de defectos en nuestro aspecto físico porque tendemos a compararnos con modelos que no siempre son reales. La meta que yo os propongo es dejar de lado estos pensamientos negativos y comenzar a centrarnos en sentirnos bien con nosotras mismas. La mejor forma de comenzar es conocernos y aceptarnos tal y como somos.

La globalización de los medios de comunicación y el uso de Internet nos permite estar al día de todo lo que se refiere al mundo de la moda y a las tendencias, pero también nos perjudica en el sentido en que nos ofrece continuamente las imágenes de hombres y mujeres que poco tienen que ver con el común de los mortales.

Además, el hecho de que admiremos a un icono de estilo y que nos guste copiar sus *looks,* no quiere decir que debamos imitarlos al pie de la letra, porque de esta forma no nos sentiríamos cómodas. Por ejemplo, yo soy una declarada admiradora de Alexa Chung –la *it girl* del momento– y de los estilismos que suele llevar a todos los actos a los que acude. Pero, al mismo tiempo, tengo claro que posee un cuerpo muy diferente al mío, tanto en forma como en tamaño y, por lo tanto, no nos sientan bien las mismas cosas. Las prendas muy cortas que ella utiliza sé a ciencia cierta que a mí no me quedarían bien porque, yo al ser más grande (que no gorda), resultaría más vulgar. O los tacones a los que ella suele recurrir me harían parecer demasiado alta. Como ves, todo es cuestión de analizarse para comprobar qué tipo de prendas nos favorecen.

Por eso, para empezar, es importante encontrar cuáles son las partes de nuestro cuerpo que más nos gustan, aquellas que nos hacen ser más atractivas, y descubrir la forma de potenciarlas.

Un consejo: ponte delante de un espejo, pregunta a tus seres queridos, prueba diferentes tipos de prendas… En definitiva, conócete a ti misma para sentirte especial. Y, por otro lado, también puedes llevar a cabo el ejercicio contrario: tener claros nuestros defectos para aprender a disimularlos. Este análisis nos permitirá realizar mejores elecciones a la hora de buscar estilismos.

Estos son algunos ejemplos:

Las caderas de Marilyn Monroe

Posiblemente, hoy sería impensable que una actriz con unas caderas como las de Marilyn no recibiera toda clase de improperios. Y, sin embargo, ver cualquiera de sus películas, admirar su imagen y observar sus movimientos en la pantalla es una auténtica delicia. No solo por su belleza, que era arrebatadora, sino también porque poseía un magnetismo que la ha convertido en la mujer más deseada de todos los tiempos. ¿Y crees que ocultaba sus caderas? Todo lo contrario, hacía gala de ellas cada vez que podía.

Los hombros de Charlenne Wittstock

La actual esposa del príncipe Alberto de Mónaco, Charlenne Wittstock, fue nadadora en su juventud y tantos años de entrenamiento le han llevado a tener una espalda de gran anchura. Eso no evitó que en su boda, vestida de forma sencilla con un Armani Privé, consiguiera rendir a toda la crítica a sus pies. Ella misma ha comentado cómo gracias a los consejos del diseñador italiano ha encontrado un estilo que remarca sus cualidades de forma considerable y permite lucir una espalda que, a pesar de ancha, resulta de lo más atractiva. Sus secretos son las líneas sencillas, los cortes asimétricos, los escotes en forma de corazón y los estilismos que le marcan la cintura. Con estos trucos y su indudable belleza ha conseguido acaparar la atención de las más importantes revistas de moda.

La estatura de Eva Longoria

Eva suple su falta de estatura con unos tacones de vértigo. Además, utiliza minifaldas que le ayudan a alargar su figura y minivestidos y *shorts* que le sientan a la perfección. La pizpireta actriz de *Mujeres desesperadas* es una de las más queridas por la audiencia estadounidense y se ha erigido como una de las latinas más influyentes de Hollywood. Y, sin embargo, mide en torno a 1,55 metros. ¿Le ha supuesto eso algún tipo de complejo? Pues la verdad es que personalmente no lo sabemos, pero lo cierto es que no le ha impedido situarse entre las más atractivas. Eva suple su falta de estatura con unos tacones de vértigo, utiliza minifaldas, que alargan su figura, minivestidos y *shorts* que le sientan a la perfección. Además, recurre a peinados que le hacen ganar visualmente unos cuantos centímetros y que centran la atención en su rostro.

> *Más que la ropa, lo que a mí me interesa son las mujeres. Si tengo alguna misión es darles confianza.*
>
> Diane von Furstenberg

La nariz de Carolyn Bessette

Se convirtió en la mujer de John-John Kennedy, uno de los hombres con más estilo del planeta, pero desgraciadamente ambos acabaron enterrando sus sueños bajo las aguas del océano Atlántico tras sufrir un accidente de avión. Poco sabíamos de ella y en realidad tampoco nos dio mucho tiempo a conocerla, pero lo cierto es que poseía un estilo muy característico y elegante, casi podríamos decir etéreo, que combinaba muy bien con su aspecto angelical. La única foto de su boda, que dio la vuelta al mundo, fue toda una lección de buen gusto que impactó por su sencillez y que fue copiado en todo el mundo.

El rostro anguloso de Jennifer Aniston

Jennifer Aniston es la imagen de la mujer californiana, rubia y de rostro bronceado en las playas de Los Ángeles. Medio mundo se enamoró de ella cuando interpretaba a Rachel en la telecomedia *Friends,* una joven carismática que fue adoptando a lo largo de los capítulos un estilo más fresco y dinámico. Los cambios en su peinado provocaban un aumento de las citas en las peluquerías para copiar su imagen y con el tiempo se ha convertido en una actriz de éxito en el panorama cinematográfico. Ella misma ha asegurado en más de una ocasión que posee un rostro demasiado anguloso con el que en un principio no estaba demasiado conforme. Sin embargo, eso no le ha impedido ser una mujer envidiada en todo el mundo ya que ha conseguido disimularlo mediante una elección adecuada de peinados que ocultan los ángulos y estilizan su cara.

❝ *Una persona bien vestida refleja siempre una personalidad equilibrada y auténtica porque en el campo de la moda, como en todo, el mejor síntoma de personalidad y madurez es el ser consecuente con las propias ideas.*

Covadonga O'Shea
(Presidenta de ISEM Fashion Business School)

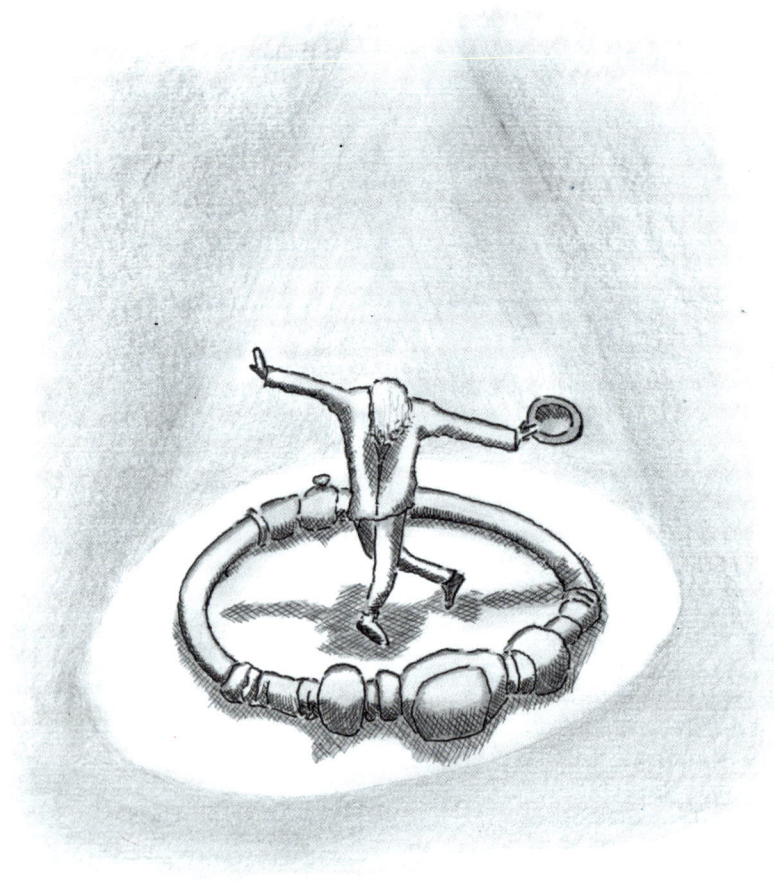

Vístete de acuerdo con tu personalidad

Cuando nos vestimos, realizamos un acto que va más allá de la simple elección de una prenda. Nos estamos definiendo: decidimos la imagen con la que queremos vernos nosotros, pero también con la que queremos que los demás nos vean. El vestuario es una herramienta de comunicación muy directa que denota quiénes somos, adónde vamos y qué hacemos. Aunque no soy amiga de los prejuicios, está claro que, cuando vemos por la calle a una persona vestida de una forma u otra, por nuestra mente pasan una serie de ideas preconcebidas que luego pueden ser ciertas o no pero que, por lo menos, nos ofrecen pistas que predisponen nuestra actitud.

Aunque la libertad es una cuestión intrínseca a la moda y cada persona es libre de vestirse como quiera y adoptar múltiples personalidades a través de su vestuario, lo cierto es que el mejor papel que podemos interpretar es, sin duda, ser uno mismo. De esta forma nos sentiremos más cómodos. El atractivo es algo muy complicado de medir, pero lo que está claro es que siempre va unido al poder de la personalidad de cada uno. Cuanto más fiel se sea a uno mismo, más cómodo, seguro, confiado y natural se mostrará ante los demás. Por eso, decantarse por una imagen natural es siempre un acierto. Eso no quiere decir que no podamos absorber otras ideas y quedarnos con estilismos que veamos reflejados en revistas, películas o Internet… pero debemos hacerlos nuestros. Cuando uno intenta parecer lo que realmente no es, se nota. El peor estilo es aquel que no va acorde con nuestra forma de ser.

¿Y cuál es el truco para vestir de acuerdo con nuestra personalidad? Pues, como en tantas ocasiones, el secreto está en seguir nuestra intuición. Nosotros mejor que nadie sabemos qué tipo de ropa nos atrae más y nos hace identificarnos mejor con nosotros mismos. Sin embargo, esto no quiere decir que siempre acertemos.

> Dime cómo vistes y te diré quién eres.

Es indudable que algunas personas tienen más facilidad que otras para saber arreglarse, por eso no hay que tener miedo a la hora de pedir ayuda. En estos casos, los asesores de imagen también pueden ser muy útiles. Un buen profesional es un experto que no nos dice exactamente lo que nos tenemos que poner, sino que nos indica una serie de pautas muy útiles a la hora de definir nuestro estilo y nuestros *looks*. Quizá hay detalles de nuestro cuerpo o de nuestra imagen que se nos escapan y que ellos pueden ayudarnos a potenciar.

> *Creo que todos somos atrevidos cuando somos nosotros mismos, no podría concebirlo de otra forma.*
>
> Miguel Palacio

Y, por último, un consejo: el hecho de vestir de acuerdo con tu personalidad no tiene por qué ser sinónimo de conservadurismo. Arriesgar es una constante en el mundo de la moda y no hay por qué tener miedo a ser atrevido. Ser fiel a uno mismo no significa vestir siempre igual, sino no perder nuestra esencia y saber reflejar algo de nosotros mismos en cada uno de nuestros *looks*.

Así lo han hecho muchas mujeres a lo largo de la historia, que se han convertido en auténticas leyendas. A continuación, he seleccionado algunos de estos iconos de estilo de distintas épocas que han sabido reflejar como nadie su personalidad a través de su forma de vestir.

Brigitte Bardot: la Lolita

Muchos jóvenes que ven hoy en día a esta mujer de pelo alborotado y mirada perdida defendiendo los derechos de los animales desconocen que se encuentran ante uno de los grandes iconos del siglo XX. Todavía hoy, en las pasarelas de medio mundo, no es difícil identificar la impronta que dejó Brigitte Bardot en el imaginario colectivo: la melena sugerente, cardada en la coronilla y con flequillo, los semirrecogidos estudiadamente desaliñados, la cintura de avispa con corpiño, las faldas vaporosas, los pañuelos al cuello, los ojos muy delineados… Su influencia se ha visto a lo largo de los años, desde la Claudia Schiffer de los ochenta pasando por Leticia Casta en los noventa o Scarlett Johansson en la actualidad. Buena parte de los mitos eróticos de nuestro tiempo han bebido del estilo de BB. Es un reflejo de la mujer con curvas, de cara aniñada y muy sensual.

Wallis Simpson: la mujer hecha a sí misma

Su aspecto delicado y exquisito no invita a pensar que nos encontramos ante una mujer que vivió una de las historias de amor más famosas de los últimos tiempos. La americana plebeya y divorciada por la que Eduardo VIII renunció al trono de Inglaterra constituye también otro de los iconos del siglo XX. Vivió una vida plagada de dificultades que le forjó un carácter de mujer hecha a sí misma y muy segura de sus convicciones. Sencilla y clásica en el vestir, supo llevar con gran elegancia diseños de modistos como Dior, Balmain, Rochas o Givenchy. Dos de sus pasiones eran los vestidos de noche y los zapatos (decían que tenía más de 200 pares en su armario). Y, por supuesto, su famosa colección de joyas, la mayor parte regalo de su esposo, que la quiso convertir con ellas en la reina que nunca fue.

Grace Kelly: la mujer femenina y delicada

La fémina que logró convertir cada película de Alfred Hitchcock que protagonizó en un legado de buen gusto simboliza como nadie la mujer femenina y delicada en el vestir. Da igual la escena que protagonizara o el acto que amadrinara cuando ya se convirtió en princesa de Mónaco. Simplemente, estaba perfecta con sus exquisitos vestidos con vuelo en la parte inferior, sus blusas remangadas de colores pastel, el empleo de tules y sedas, además de la adecuada combinación de complementos como: el bolso Kelly, los pañuelos de Hermès o los finos salones que sabía lucir con cada uno de los diseños. Todo este conjunto la erigió como una de las mujeres más elegantes de su época. Para captar su esencia, es imprescindible ver tres clásicos: *La ventana indiscreta,* en la que sus estilismos cobran tanta importancia como el resto de protagonistas, *Atrapa a un ladrón,* en la que podrás ver reflejado el estilo de la Riviera francesa, que tanto adeptos ha tenido, y *Alta sociedad* que, de hecho, es mi preferida.

Audrey Hepburn: la mujer con encanto

Pocas mujeres han sido capaces de convertir sus apariciones públicas en un manual de estilo: Audrey Hepburn era una de ellas. Definir en unas líneas la elegancia de esta frágil mujer que se ha convertido en uno de los iconos del siglo XX es tarea imposible, por eso es mejor recordar algunas imágenes inolvidables de su carrera, como aquella en la que está subida sobre una vespa junto a Gregory Peck, vestida con una sencilla blusa, una ceñida falda y un pañuelo en su cuello en *Vacaciones en Roma.* O quizá otra, la del baile de la película *Sabrina,* con un memorable vestido palabra de honor de organza con motivos florales diseñado por Givenchy. Pero la imagen de Audrey interpretando a Holly Golightly en la Quinta Avenida de Nueva York, con un moño, gafas de sol y collar de perlas sobre un soberbio vestido de satén negro firmado también por Givenchy frente al escaparate de Tiffany's comiéndose un *croissant* es, sin duda, el cénit de su estilo: una mezcla de elegancia, candidez, encanto y *glamour* que la hace irresistible. Una mujer única.

> *Viste vulgar y solo verán el vestido, viste elegante y verán a la mujer.*
>
> Coco Chanel

Diane Keaton: la mujer andrógina

¿Quién no ha querido ser Annie Hall en algún momento de su vida? El inolvidable personaje que inmortalizó Woody Allen sobre las calles de Manhattan rompió, como ocurrió con tantas cosas en los setenta, con la imagen clásica de la mujer. Diane Keaton se enfundó en trajes masculinos, chalecos, corbatas, camisas y sombreros y se convirtió en una mujer de lo más atractiva. Nada de marcar cintura, pantalones anchos, mangas dobladas y complementos basados en bolsos grandes y bisutería. Se atrevió a ponerse todo lo que hasta aquellos años una mujer desterraría de su armario. Este peculiar estilo simbolizaba a la mujer liberada y desenfadada, trabajadora y resuelta, que no necesitaba un hombre a su lado para sentirse realizada. Era toda una declaración de intenciones.

Inès de la Fressange: la mujer *chic*

Da igual verla con vaqueros que con sugerentes trajes de noche: Inès de la Fressange es de esas mujeres con clase desde la cuna, que cuando pasan a tu lado es imposible no dejar de admirar. La que fue musa de Karl Lagerfeld, encarna como nadie el *chic* francés por excelencia, atemporal y distinguido. Simboliza también la mujer con carácter, emprendedora y con las ideas muy claras. Para ella la sencillez y la fidelidad a una misma son fundamentales, como no se ha cansado de repetir a todos aquellos que le preguntaban por sus claves de estilo. En su armario, no faltan lo que denomina los siete magníficos: un *blazer* masculino, un abrigo estilo gabardina, un suéter azul marino, una camiseta femenina sin mangas, un vestido negro corto *(little black dress)*, unos vaqueros y una cazadora de cuero.

Diane Krüger: la mujer eficiente

En su rostro angelical se refleja el carácter alemán: el rictus serio, la mirada fija y penetrante, la boca firme y los pómulos marcados. La guapísima actriz teutona es una de las más elegantes del panorama cinematográfico actual y cada una de sus elecciones de vestuario reflejan su buen gusto en el vestir. Abusa poco del maquillaje para resaltar su intensa mirada azul y le gustan los peinados griegos inspirados en el personaje de Helena de Troya que ella misma interpretó. Cuando viste de calle siempre acierta con camisa blanca, chaquetas Chanel, vaqueros o *leggins* con taconazo o bailarinas, borsalinos de los que se escapan algún rubio mechón, minifaldas, *shorts, blazers* combinados con punto y, para la noche, vestidos vaporosos, en tonos pastel y con pedrería, u oscuros entallados. Todo ello siempre con el aspecto de hacer bien todo lo que toca.

Kate Moss: la mujer rebelde

Si se pone unas botas de agua con unos *shorts,* medio mundo adopta las katiuskas como prenda imprescindible en su armario. Si se corta el flequillo, las jovencitas preparan sus tijeras para imitarla.

> *No creo que la elegancia tenga que ver solo con la ropa. Es una cuestión de actitud, de pensamiento, de mirada.*
>
> **David Delfín**

Si se enfunda unos pitillos, las tiendas de moda se inundan de este básico… Es lo que tiene ser una *it girl,* que te puede gustar o no, pero es innegable su capacidad para generar tendencias y convertirse en la mujer más copiada del momento. Kate Moss encarna la rebeldía, la transgresión londinense, la salvaje juventud. Da igual que acapare portadas incómodas o que se junte con compañías poco recomendables. Medio mundo la perdona cuando la ven reinventarse con diseños imposibles que a ella le quedan como a nadie. Los botines, los bolsos bandolera, los estampados animal o los interminables fulares son algunas de las claves de su estilo.

Blake Lively: la mujer triunfadora

Conocida por su papel de una joven de la alta sociedad neoyorquina en *Gossip Girl,* Blake Lively está considerada como una de las mujeres con más estilo del panorama internacional. Así lo ha entendido el maestro Karl Lagerfeld que la ha elegido como una de sus musas. ¡Qué bien sabe interpretar el modisto alemán las claves de la moda, al darse cuenta de que las adolescentes de medio mundo han desplazado de nuevo su admiración desde las pasarelas hacia las jóvenes triunfadoras como ella que tienen un estilo muy definido y audaz! A Blake le gustan los vestidos que dejan ver sus magníficas piernas, que combina con zapatos de tacón de vértigo, la espalda al aire, los cortes asimétricos, los escotes en V y los *microshorts.*

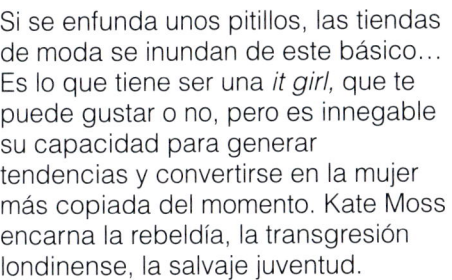

> *Si observas cualquier buena fotografía de moda fuera de contexto, te dirá tanto sobre lo que ocurre en el mundo como un titular de The New York Times.*

Anna Wintour
(Directora de *Vogue USA*)

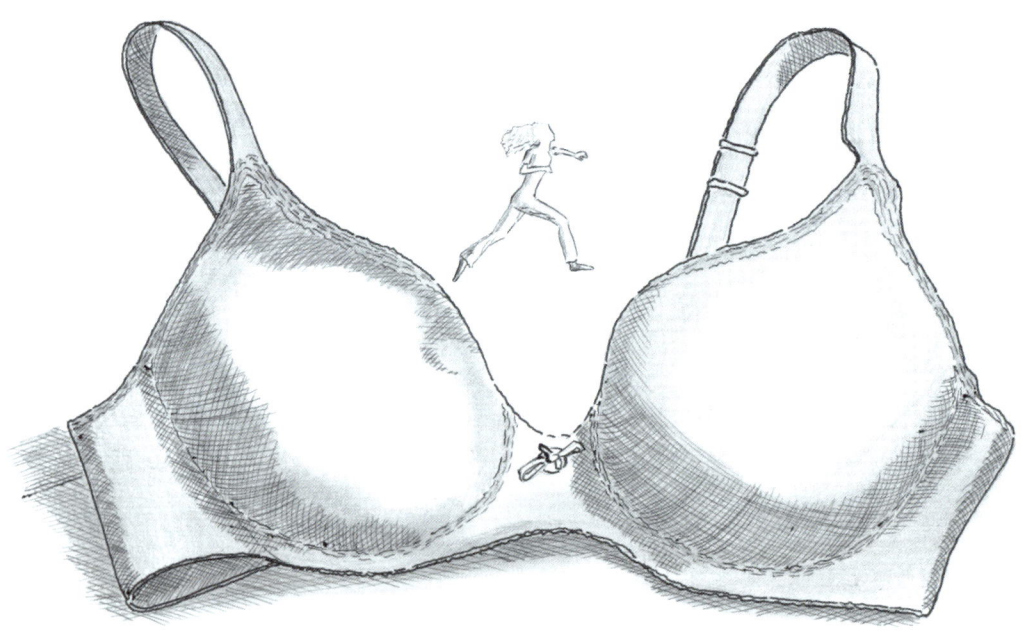

Sácate el máximo partido

Decía Chanel que «no existen mujeres feas, solo mujeres que no saben arreglarse». La maravillosa dama negra que revolucionó la moda y también la sociedad de su época supo captar como nadie la importancia de potenciar lo mejor que tiene cada uno. Ella logró sacar partido de su cara atípica, su cuerpo menudo y sus escasas curvas, hasta el punto de convertir estos «defectos» en una femineidad irreverente que se convirtió en un icono de estilo.

Todas las mujeres tenemos algo de Coco Chanel. Al fin y al cabo, ¿quién está totalmente contento con su cuerpo? Si preguntáramos, la lista de cosas que nos gustaría cambiar sería interminable. Y, sin embargo, eso no significa que no haya nada que hacer. Todo lo contrario: se abre ante nosotras todo un mundo apasionante y divertido de posibilidades para mejorar nuestra imagen. No hay que tomárselo como una condena, cada una tiene el físico que tiene, lo que nos permite explorar y encontrar el estilo que más nos favorece.

Siguiendo con las célebres citas de la diseñadora francesa, Chanel solía decir que «la moda es como la arquitectura: una cuestión de proporciones». Y cada una de nosotras tenemos las nuestras, así que hay que ponerse a trabajar con ellas, con el objetivo de lograr una buena imagen que nos haga sentir bien con nosotras mismas y nos permita la posibilidad de ofrecer nuestro mejor aspecto de cara a los demás.

> *La moda es perdurable y atemporal, como el estilo y el buen gusto innato en una mujer.*
>
> Valentino

Sin ánimo de caer en el tópico, es cierto que nuestra imagen es nuestra tarjeta de visita, por eso me gustaría daros una serie de consejos y trucos para vestir en función de vuestra anatomía. A cada cuerpo hay que darle una oportunidad para estar más bello.

Trucos para vestir de acuerdo con tu anatomía

CUERPO BONGO

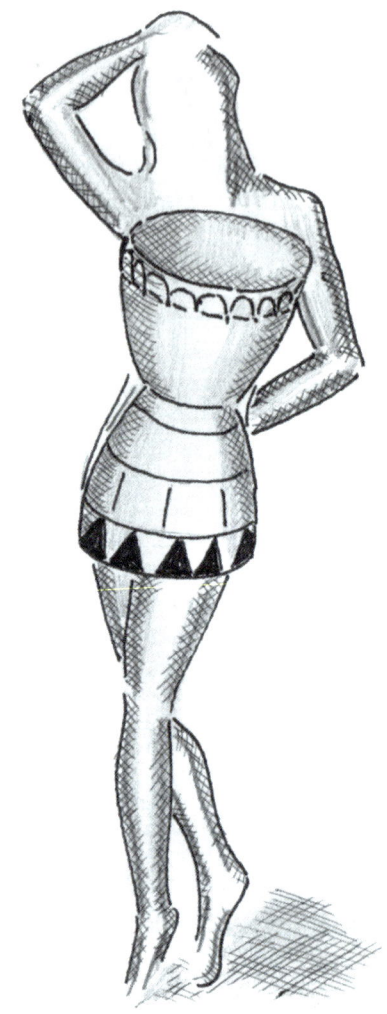

Tienes un tipo de escándalo, bien proporcionado, con caderas y hombros compensados y cintura definida. Al estilo Cindy Crawford, la *top model* que triunfó en las pasarelas en los ochenta, o al de la brasileña Gisele Bündchen, que tiene un cuerpo al que le sienta a la perfección cualquier prenda. En fin, que con semejante anatomía solo te queda lucirla.

Lo que más te favorece:

> Te quedarán bien las prendas que se ajusten a tu cuerpo.

> Para marcar tu figura, utiliza chaquetas, blusas, vestidos, abrigos, pantalones y faldas entalladas.

> Las faldas que mejor te quedan son las rectas, cortadas al bies y las amplias.

> En cuanto a los tejidos, decántate por aquellos que marquen las líneas de tu cuerpo.

> Te favorecerán todo tipo de estampados.

> Tampoco tienes problemas con los bañadores, elige el que más te guste.

> Los complementos como los cinturones harán destacar tu cintura.

Lo que debes evitar:

> Las prendas que escondan tu figura.

> Chaquetas, blusas, vestidos y abrigos con corte recto que oculten tu anatomía.

> La ropa ancha en general.

> Las prendas superpuestas, que no permitan apreciar tus proporciones.

B CUERPO GUITARRA

¡Un cuerpo con curvas! Tienes muchas posibilidades, porque posees una figura muy femenina, con pecho, caderas y muslos redondeados. Piensa en Marilyn Monroe o en la contemporánea Laetitia Casta, mujeres rotundas que saben por donde pisan. Sus estilismos marcan su figura sin esconder las formas y potencian su voluptuosidad sin complejos.

Lo que más te favorece:

> Las prendas que se amolden a tus curvas.

> Apuesta por las chaquetas, blusas, vestidos, pantalones, faldas y abrigos entallados, con grandes pinzas o cortes tipo princesa, para contener el volumen.

> Los cuerpos y vestidos cruzados.

> Los escotes en pico.

> Los cortes al bies.

> Los tejidos ligeros, sedas, *crepé* de lana, puntos y *lycras,* que marquen la figura.

> Los estampados simples.

> Para el baño, te sentará bien el bikini con aros, para una mayor sujeción.

> Puedes elegir entre una gran cantidad de complementos: cinturones, pañuelos… destaca tu femineidad.

Lo que debes evitar:

> Las prendas que no sigan tus curvas.

> Las chaquetas, blusas, vestidos, abrigos, pantalones y faldas sin entallar, te harán parecer más gorda.

> Tejidos rígidos, que te harán aumentar una talla.

> Estampados geométricos, rayas y cuadros.

> Detalles en el pecho y en la cadera, como volantes o lazos.

> Camisas de bolsillos y vaqueros con bolsillos.

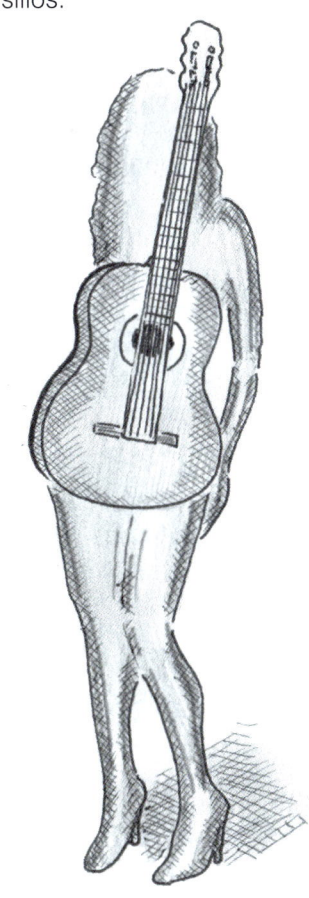

CUERPO TRIÁNGULO

Es un cuerpo muy común entre las mujeres, sobre todo en países como el nuestro, donde el mayor volumen se localiza en las caderas y en los muslos. A pesar de que muchas mujeres que lo poseen se sienten acomplejadas, lo cierto es que con unos sencillos trucos pueden resultar de lo más atractivas. Existen muchos ejemplos de mujeres famosas con este físico: Jennifer López, Beyoncé, Rihanna… En fin, algunas de las mujeres más deseadas del planeta. El truco para potenciar la imagen es dar más importancia a la parte de arriba con la idea de equilibrar las proporciones.

Lo que más te favorece:

> Las blusas estampadas, con caída, con cuello ancho, fruncidas o con mangas abullonadas.

> Las faldas *evasés* y cortadas al bies.

> Los pantalones sencillos, sin bolsillos y con cremallera lateral.

> Las mangas cortas, que aumentan el pecho.

> Los escotes tipo barco, cuello de ojal y hombros caídos porque dan anchura a los hombros.

> Los tejidos más gruesos para la parte de arriba y ligeros para abajo.

> Las superposiciones en la parte de arriba.

> Los estampados de rayas horizontales en la parte de arriba.

> Los detalles como las hombreras, trabillas en los hombros, cuellos anchos, canesú en blusas o chaquetas y bolsillos a la altura del pecho.

> La botonadura doble en forma de triangulo invertido.

> Los tops de colores claros o con brillos.

> Los colores oscuros en la parte de abajo.

> Los complementos como pañuelos o colgantes que reclamen atención en la parte superior del cuerpo.

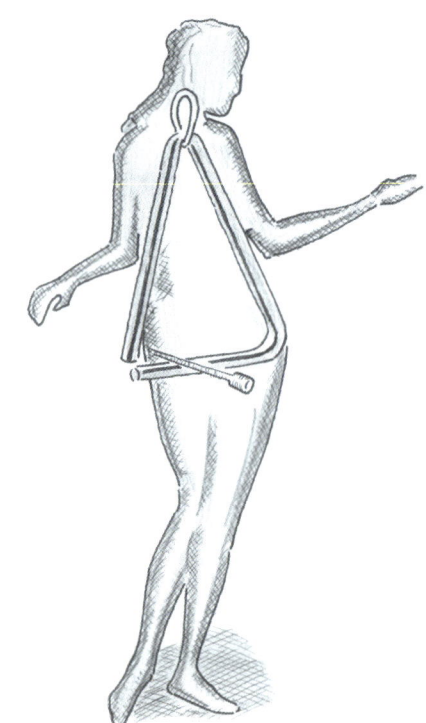

Lo que debes evitar:

> Los vestidos de corte trapezoidal.

> Los pantalones cargo con bolsillos.

> Las faldas demasiado cortas y estrechas.

> Los *shorts* cortos o *culotte*.

> Las mangas y prendas que terminen en el punto más ancho de tu cadera.

> Cualquier tipo de estampados, rayas horizontales y brillos en la parte de abajo.

> Los colores claros en pantalones y faldas, ya que producen efecto de mayor volumen.

> Los detalles y complementos en la parte de abajo, sobre todo a la altura de las caderas.

> El sujetador de bikini de triángulo.

CUERPO PÚA

Tienes la suerte de tener una espalda de lo más lucida, que puede convertirse en tu signo de distinción. Tener los hombros más anchos que las caderas no supone poseer un cuerpo masculino, pues las líneas rectas y angulosas en la figura, si se acierta con el estilo, resultan muy elegantes. Piensa, por ejemplo, en mujeres como Elle MacPherson, Yasmin Le Bon o Charlene Wittstock… tienen una figura atlética envidiable, con aspecto sano y deportivo y las prendas les sientan a las mil maravillas. Solo tienes que aplicarte este truco: equilibra la parte superior con la inferior realzando las caderas.

Lo que más te favorece:

> Las chaquetas y blusas sencillas, sin detalles.

> Las prendas rectas.

> Las faldas rectas, plisadas, de tablas, con volumen, globo o con bolsillos.

> Los pantalones con pinzas, bolsillos o detalles.

> Los vestidos trapecio.

> Los escotes sin espalda.

> El cuello *halter*.

> Los tejidos finos para la parte de arriba.

> Los tejidos gruesos y rígidos para la parte de abajo.

> Los colores claros para pantalones, faldas y *shorts*.

> Los estampados geométricos.

> Las braguitas de bikini con volantes o lazos a los lados.

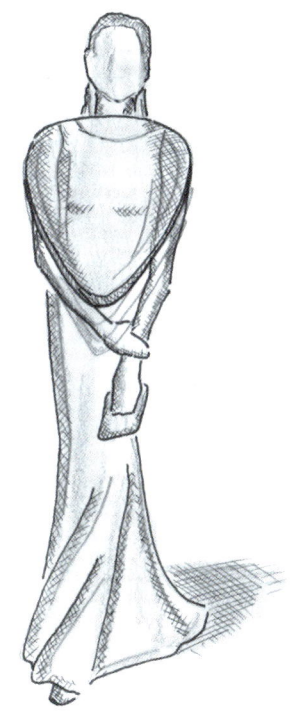

Lo que debes evitar:

> Los pantalones ajustados sin bolsillos o tipo *leggins*.

> El cuello barco.

> Las faldas de capa o cortadas al bies.

> Los tejidos gruesos en la parte superior.

> Los colores oscuros y tejidos ligeros o pegados en la parte inferior.

> Las hombreras y detalles en la parte superior.

> Los cortes de canesú en delantera y espalda.

CUERPO FLAUTA

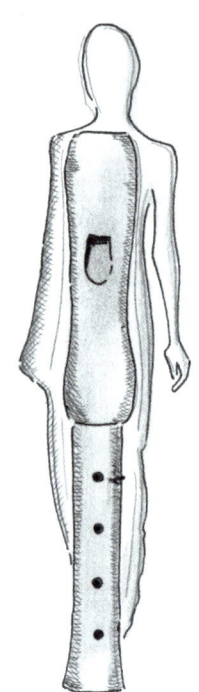

El cuerpo delgado es sinónimo de elegancia y, a la hora de vestirlo, tienes muchas posibilidades. Piensa en mujeres como la eterna Audrey Hepburn –¡cómo le sentaban los vestidos de Givenchy!–, en la hipnótica Mia Farrow de *La semilla del diablo*, con su pelo corto, o en la actual Kate Moss, una auténtica *it girl* que convierte en tendencia todo lo que se pone. El secreto es destacar tu busto y caderas para dar la sensación de cintura y de curvas.

Lo que más te favorece:

> Las chaquetas entalladas en la cintura.

> Las faldas *evasé*, acampanadas y plisadas. Te puedes permitir llevar faldas más cortas de lo normal.

> Los vestidos tipo trapecio y *baby-doll*, ya que dan un toque juvenil.

> Los pantalones altos de cintura o de cintura caída, vaqueros y pantalones pitillo.

> Los abrigos con vuelo.

> Las prendas superpuestas.

> Los escotes tipo cuchara, cruzado, en V y asimétricos.

> Los estampados gráficos y florales para añadir profundidad a la silueta.

> Los detalles (como bolsillos) que sirvan para destacar pecho y caderas, y en la parte de atrás para definir el trasero.

> La botonadura doble en forma de V, amplias solapas o canesús volados.

> Los bikinis con relleno o bikinis estampados.

> Los bolsos bandolera.

Lo que debes evitar:

> Las faldas fruncidas.

> Las prendas demasiado ceñidas al cuerpo.

> Las prendas y mangas que terminen en la cintura.

- > Las rayas verticales para no pronunciar la forma tipo tabla de tu cuerpo.
- > Los detalles en la cintura.
- > Los cinturones cuando vas ajustada, ya que se verá una cintura enorme.
- > Los escotes en pico, cuadrados amplios o pronunciados.
- > Los tejidos firmes, si no tienes mucho pecho.
- > Los estampados geométricos, rayas verticales y en V.

CUERPO TECLADO

Eres una mujer con un físico de armas tomar, que ofrece una imagen sólida, robusta y fuerte, con hombros, cintura y caderas anchas. Tu figura tiene forma de bloque y por eso necesitas crear curvas con tus estilismos. Piensa, por ejemplo, en mujeres como las actrices Queen Latifah o Jennifer Hudson, que llaman poderosamente la atención cada vez que pisan la alfombra roja.

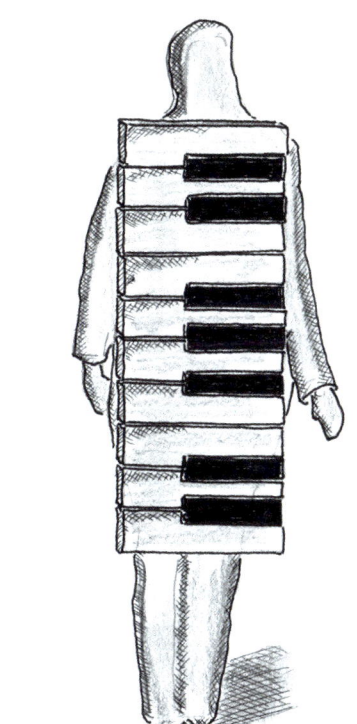

Lo que más te favorece:

- > Los estilos sencillos, nada recargados.
- > Las prendas de líneas rectas.
- > Las chaquetas estructuradas y sastres.
- > Las blusas abiertas en los laterales.
- > Los pantalones y faldas sin cinturilla.
- > Las pinzas o cortes curvos que simulen una cintura más estrecha.
- > Los cortes cruzados.
- > Las mangas cortas o a la altura de las caderas.
- > Los bajos de blusas y chaquetas redondeados.

Lo que debes evitar:

- > Las chaquetas y abrigos con cinturón.
- > Las blusas y chaquetas cortas.
- > Los cortes al bies.
- > Las mangas a la altura de la cintura, te harán parecer más ancha.
- > Los estampados florales.
- > Los detalles en la cintura, cinturas fruncidas, cinturillas y cinturones.

# CUERPO PANDERETA

Posees la más adorable de las figuras, tan redondita que dan ganas de achucharte. ¿Qué no es un cuerpo atractivo? Piensa en un personaje de ficción, como Bridget Jones –interpretado en la gran pantalla por una estupenda Reneé Zellweger–: una mujer que ha sabido encandilar a medio planeta con sus kilitos de más. A la hora de escoger tus prendas, ten en cuenta que el mayor volumen se localiza en la cintura, por eso tu objetivo es desviar la atención hacia otro lado. ¡Muy fácil!

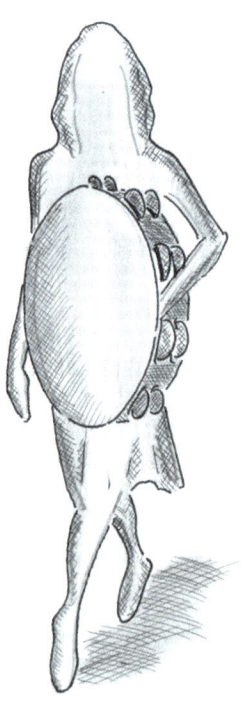

Lo que más te favorece:

> Intenta quebrar visualmente el cuerpo de forma vertical con *cardigans* largos o abrigos ligeros abiertos.

> Los caftanes o casacas abiertas por los laterales.

> Los pantalones y faldas con cierre lateral, sin bolsillos.

> Los vestidos de línea trapezoide.

> Los abrigos de punto con vuelo.

> Las chaquetas sin cuello, cuello de chal o pico.

> Los bajos de chaquetas, blusas y abrigos en pico o asimétricos.

> Los tejidos suaves y amoldables, con caída.

> Los estampados sutiles.

Lo que debes evitar:

> Los tejidos gruesos o rígidos, que aportarán volumen.

> Los estampados llamativos y rayas horizontales.

> Los cortes horizontales a la altura de la cintura o la terminación de la blusa o chaqueta en la parte más ancha.

> Las cinturillas, cinturones y detalles en el vientre.

> Los bajos de mangas, de blusas y chaquetas rectos.

TRUCOS QUE NO FALLAN PARA TODOS LOS CUERPOS

Alimentación

Mantener una buena alimentación es sinónimo de buena salud. La receta es muy sencilla: una alimentación equilibrada en la que haya aporte de todos los nutrientes necesarios pero que evite los excesos. Hay que hacer caso de la pirámide alimenticia, esa que tenían nuestras madres en sus libros. Nos ayudará a encontrarnos bien por dentro y por fuera. Y, por supuesto, no te olvides de beber como mínimo un litro y medio de agua al día, es importante para mantener el equilibrio hídrico.

Deporte

El deporte es una manera eficaz de mantener el peso a raya y nos permite mantenernos en forma y prevenir enfermedades cardiovasculares. No hace falta convertirse en un deportista de élite, basta con dedicar unos minutos al día. Si se dispone de presupuesto, mi consejo es probar con un monitor personal: los resultados son increíbles. Si te aburre hacer deporte, apúntate a clases de baile porque es otra alternativa muy saludable.

Ten en cuenta tu altura y proporciones

He analizado los tipos de cuerpos, pero no he mencionado la altura. Estos son algunos consejos:

Para las bajitas: si eres bajita no pretendas parecerte a Rania de Jordania, de modo que no quiebres tu silueta con muchos cortes horizontales. Usa mejor un solo color porque te alargará y, por otro lado, evita llevar volumen.

Para las altas: si, por el contrario, tienes una buena estatura, puedes permitirte botines, calcetines, minifaldas y todos los cortes horizontales. También te favorecerán los pantalones campana y de pata de elefante.

Si quieres analizar tus proporciones, puedes estudiar la altura de tu pecho, talle, tiro, brazos y piernas, así como tu tamaño de cabeza en relación con el resto del cuerpo. La proporción más ajustada es la del canon de las ocho cabezas.

Pero, claro, no es siempre lo más común. No te preocupes, la moda te permite ajustar la proporción visualmente, logrando un nuevo equilibrio. El truco es subir o bajar el talle, pecho o caderas con los cortes de las prendas.

Ropa interior

No creas que por el hecho de que no se vea, la ropa interior no es importante. Mi consejo es que inviertas en lencería adecuada para realzar tu cuerpo y esconder tus defectos. Es la base y, si no llevas la adecuada, cambiará tu forma del cuerpo y tu talla. Una buena elección te permitirá equilibrar tus proporciones: puedes subir o bajar pecho, aumentar o reducir tus caderas… Hay sujetadores con hombreras y hasta con cámaras de aire. Incluso hay modelos mágicos, que te permiten cambiar tu cuerpo: aumentar, reducir, aplanar…

Juega con los detalles

Los detalles desvían la atención y se utilizan para crear volumen. Utilízalos a tu antojo: cremalleras, volantes, botones, bolsillos, tapetas, pespuntes... ¡Diviértete!

Ponte un complemento

Pon un complemento en tu vida: realzará tus estilismos y te proporcionará un toque de distinción.

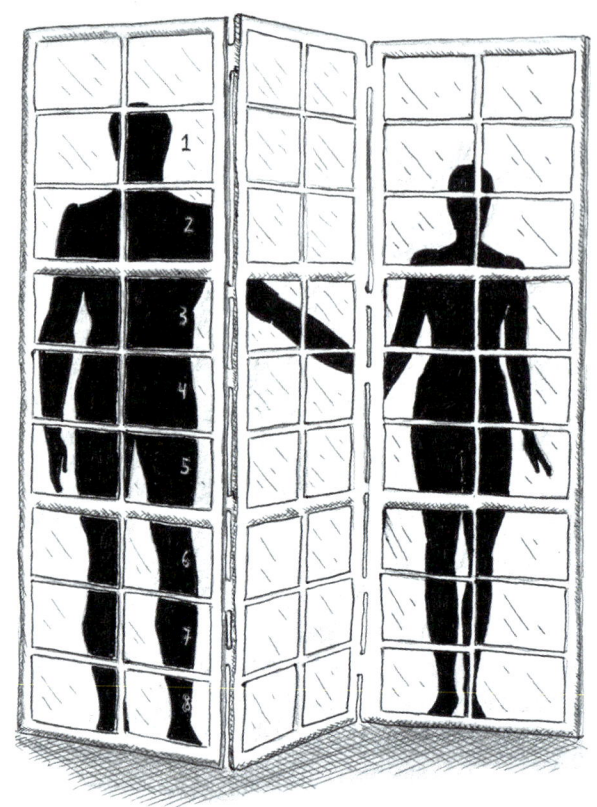

Hay para elegir: bufandas, fulares, collares, pendientes y bolsos. El truco consiste en colocarlos en sintonía con tu cuerpo, para que no parezcan un añadido, sino que formen parte de ti.

Y se me olvidaba: ¡ojo con el calzado, puede estropear tu mejor *look!*

El pelo importa

Ten en cuenta la forma de tu cuerpo y tu cabeza a la hora de elegir un corte de pelo o un peinado, porque influye mucho a la hora de visualizar las proporciones y la figura. Por ejemplo, si tu cabeza tiende a ser grande, mejor no lleves una gran melena al viento. Si quieres evidenciar tu silueta,

hazte un recogido que deje tus hombros al descubierto. Y, si quieres llevarlo suelto, ten en cuenta tu altura, porque en esa zona se aumentará visualmente el ancho de tu cuerpo.

Camina con elegancia

De nada te sirve llevar el mejor estilismo del mundo si no lo luces con un paso adecuado. La ropa está diseñada para ir recta, por eso es importante caminar con la elegancia de una bailarina en *El lago de los cisnes.* Es cuestión de prueba y ensayo: sé femenina, junta las rodillas, ponte algo de tacón, estira la espalda, sube la barbilla, no abras los pies al andar y… ¡estarás lista para lucir cuerpo!

> *Amo la feminidad sin estridencias, con un estilo elegante que se fija en los detalles importantes.*
>
> Carolina Herrera

> "No creo que la moda tenga que cambiar cada cinco minutos. Me gustaría que mis prendas se puedan usar durante mucho tiempo –diez, veinte años–, que puedan pasar de madres a hijas. ¿Por qué comprar vintage cuando puedes abrir tu propio armario?"

Tom Ford

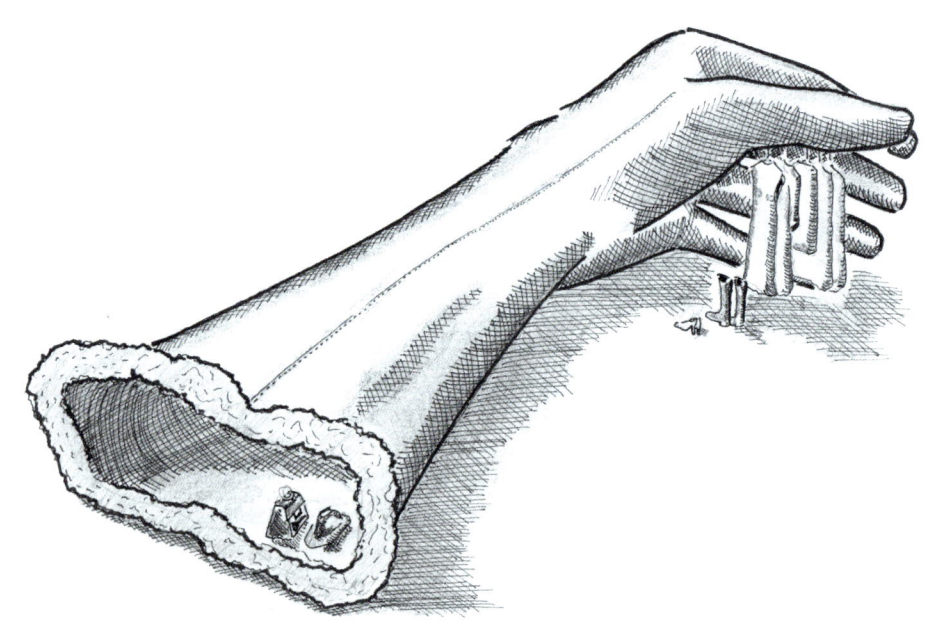

¿Qué prendas debe incluir un buen fondo de armario?

Conformar un buen fondo de armario es una labor importante para cualquier mujer. No se trata de crear un cajón desastre en el que pueda tener cabida cualquier cosa. Mi consejo es nutrir el guardarropa de prendas con las que nos sintamos identificadas y que puedan adaptarse a diferentes situaciones.

Junto a ellas, claro está, tampoco pueden faltar los modelos destinados a las grandes ocasiones, las auténticas joyas que reservamos para sentirnos más guapas, así como los complementos que enriquezcan nuestro estilo y se ajusten a nuestra forma de vestir.

> No importa lo que te pongas: si llevas unos buenos zapatos y un buen bolso, estarás perfecta.
>
> **Tamara Mellon**
> (Directora creativa y presidenta de Jimmy Choo)

A la hora de escoger el vestuario, es conveniente hacerse el siguiente tipo de preguntas: ¿qué clase de prendas realmente necesito? ¿Cuáles son aquellas que me permiten realizar más combinaciones? ¿Cuáles son las que me sientan mejor? ¿Qué colores me favorecen? ¿Qué estilo es más acorde con mi personalidad? ¿Qué complementos me resultan más útiles?... La respuesta correcta a alguna de estas ideas te puede ayudar a sentirte más segura a la hora de abrir tu armario y saber qué escoger.

Uno de los principales errores que se cometen es adoptar en el armario un síndrome de Diógenes que nos lleve a mantener hasta la primera camisa que nos pusimos con 14 años. Aunque siempre es bueno mantener ciertas prendas que formen parte de nuestra historia, hacer una revisión cada cierto tiempo nos permite ajustar mejor lo que queremos y renovar también nuestra forma de vestir.

Por último, aunque es importante mantener el estilo, también conviene ser un poco ecléctico: junto con vestidos, pantalones, faldas o complementos más conservadores, realiza también apuestas arriesgadas que te permitan romper la monotonía y sorprender.

A continuación, voy a exponer los básicos que considero que nunca deben faltar en ningún armario. Eso sí, debemos adaptarlos a nuestro estilo en particular. Se trata de prendas atemporales, que permiten múltiples combinaciones y que nunca pasan de moda.

1

Unos clásicos **vaqueros** que sienten bien. ¡Qué tendrán que tan funcionales son! Y eso que se comenzaron utilizando para el trabajo, pero a partir de los años cincuenta se convirtieron en un símbolo de libertad y rebeldía para los jóvenes. Hoy en día, su uso no tiene edad y se han convertido en un elemento imprescindible en cualquier armario. Mi consejo es que encuentres un modelo que te favorezca y lo tengas siempre presente, pues te podrá salvar de situaciones en las que no tengas ni idea de qué ponerte, tanto de día como de noche. Si solo los pudieras elegir de un color, te aconsejaría que fueran azul oscuro porque son los más versátiles. A mí, en concreto, me gusta tenerlos en varias tonalidades (negro, blanco, azul claro, azul marino e incluso rosa) porque los uso en todo momento y les saco mucho partido. Me considero una verdadera fan de los pitillo altos de cintura y los tipo *boyfriend* para situaciones más informales, pero comprendo que esta elección depende siempre de la constitución que tengamos cada una. Las combinaciones son infinitas: camisetas, camisas, chaquetas, jerseys de punto… Lo cierto es que quedan bien con todo.

En cuanto a los modelos, lo mejor es probar ya que hay vaqueros para todos los gustos y proporciones. Aunque un par de Levi´s nunca están de más, puedes probar con los transgresores Guess o Dolce y Gabanna, los más clásicos tipo Armani o los favorecedores de Acne y Diesel.

Para las más delgadas, es interesante tener unos pantalones de cuero negro, porque son perfectos para poder usarlos en distintas ocasiones en las que necesitáis un toque más sofisticado de lo normal. Eso sí, es importante saber que nunca se deben combinar con piezas de cuero sino preferiblemente con camisas de gasa, camisetas de algodón o jerseys de punto porque sino resultaría excesivo.

Un **vestido negro corto** –también llamado LBD *(Little Black Dress)*– es un elemento imprescindible en cualquier fondo de armario. A pesar de su sencillez, puedes encontrar el modelo que mejor se adapte a tu anatomía. Son perfectos para el día y la noche. Puedes combinarlos con chaquetas de vestir que te aportarán un toque elegante o con cazadoras vaqueras para ofrecer un aspecto más informal. Permiten el uso de tacón o de bailarinas, de medias o, incluso, de *leggins*… ¡Las posibilidades son infinitas! Además, cuanto más sencillo sea, mejor porque así será más fácil jugar con distintas combinaciones de accesorios con la idea de que, cada vez que lo usemos, parezca que llevamos un vestido distinto.

Acerca de los modelos, es importante saber que la creadora de este básico fue la propia Coco Chanel, que pretendía diseñar una prenda versátil que sirviera a la mujer para cualquier ocasión. En 1926 decidió plasmar una idea que le rondaba la cabeza: simplificar el vestuario femenino y convertir el negro en un signo de distinción. ¡Y vaya que lo hizo! Al final, consiguió colar uno de ellos en los armarios de las parisinas que los acabaron convirtiendo en un signo de elegancia. De hecho, la revista *Vogue* denominó a esta prenda como el «Ford de Chanel», porque fue el primer vestido producido de forma masiva.

3

Una **camisa blanca básica** y lisa (sin bolsillos). Lo que comenzó siendo como una prenda distintiva de la aristocracia, que era capaz de mantenerse con el tiempo en su color original, hoy en día es un básico imprescindible. Su origen se remonta al siglo XVII, por lo que no es difícil darse cuenta de lo importante que ha sido en la historia de la moda.

El color blanco es el más fácil de combinar, así que ofrece la posibilidad de adoptar diferentes *looks*. Hay camisas informales y formales, adaptadas a los trajes, entalladas o anchas… Pero todas tienen algo en común: otorgan sin duda un toque de distinción, combinándolas tanto con pantalones como con faldas.

Puedes utilizarlas para el día o la noche, darle un toque sensual desabrochando los botones superiores y combinarla con todo tipo de complementos, desde perlas hasta bisutería *hippie*… ¡lo aguanta todo!

También Chanel fue una de las propulsoras de esta prenda, al igual que de otras muchas, pero es difícil no encontrar un diseñador que no la incluya en sus colecciones. Mi consejo es que, si tienes poco pecho, pruebes una camisa blanca abotonada hasta arriba y le añadas una lazada como toque de distinción.

También es importante disponer de una sencilla **camiseta blanca de algodón** que podrás usar de mil maneras (debajo de un *blazer,* con una camisa abierta, debajo de un jersey, sin nada más, etc.). Es preferible con escote en V porque es la que más favorece a la mayoría de las mujeres.

4

Una **chaqueta tipo *blazer*.** Esta chaqueta, de origen masculino, tiene su origen en el ejército y también se usaba para la indumentaria deportiva. Lo cierto es que su uso se ha popularizado a lo largo de los años y hoy en día vive una segunda juventud. Está de plena actualidad.

Es una prenda curiosa ya que forma parte del estilo *chic,* pero también se adapta a la perfección a un estilo en apariencia más casual (de hecho, se utiliza encima de los polos deportivos que pueden verse en los usuarios de los clubes náuticos).

Mi consejo es que te lances a ponértela, porque sienta muy bien.

Eso sí, para darle el toque femenino, añade un cinturón encima que te marque la figura y, por otro lado, lleva las mangas remangadas.

Sobre los modelos, hoy en día son muy famosos los *blazers* diseñados por Stella McCartney, que combinan a la perfección con vestidos entallados y de tejidos delicados. Garantizan una imagen de lo más sofisticada.

5

Una **falda tipo «lápiz».** Fue creada en los años cincuenta por Christian Dior y desde entonces no ha dejado de reinventarse. Se trataba de una apuesta arriesgada que rompía totalmente con sus líneas de diseño anteriores, de faldas vaporosas y abiertas en la parte inferior. Sin embargo, pronto se convirtió en una prenda imprescindible en los armarios parisinos y las mujeres apostaron por incluirla en su vestuario debido a que les permitía mostrar su silueta con elegancia.

Con los años, es raro ver una colección de un diseñador que no la incluya entre sus modelos utilizando los materiales más variopintos, como las escamas o el metal.

Mi consejo es que te compres esta falda en color neutro o negro ya que te puede servir, según la combines, tanto para salir por la noche como para ir a la oficina.

Las faldas de Dior son un clásico, pero si hay un pueblo que verdaderamente se haya identificado con esta prenda es el italiano. Por eso sería un acierto hacerse por lo menos una vez en la vida con una falda «lápiz» de Dolce & Gabanna, firma que la ha convertido en una pieza básica en sus colecciones.

6

Una **gabardina** o *trench*. Sin duda, es un símbolo de pieza atemporal que jamás pasará de moda. Aunque en su origen surgió para resguardarnos de la lluvia, hoy su uso se ha extendido hasta el punto de que se ha llegado a utilizar como abrigo para cubrir delicados vestidos de noche. Tanto con vaqueros como con LBD, el *trench* se ha convertido en un básico.

Con el paso del tiempo, las clásicas gabardinas han dado paso a todo tipo de modelos: cortos, largos, entallados, anchos, de colores llamativos, impermeables o no y fabricados con todo tipo de materiales que permiten que se puedan usar también cuando arrecia el frío: forros, plumas…

Te doy un consejo: hay que evitar llevar el cinturón puesto de manera «perfectita» y, a ser posible, llevar el cuello un poco levantado para quitarle dureza.

En cuanto al modelo, tener en el armario una gabardina de Burberry's es siempre una apuesta segura, no en vano fueron sus creadores.

Por último, al margen del *trench,* la **parka militar** y la **chaqueta de cuero** son otras piezas que no me suelo quitar de encima. Las llevo tanto con pantalones como con faldas y vestidos ya que son prendas perfectas para restar sofisticación a un estilismo, si es que hiciera falta.

Un elegante y buen **abrigo** es esencial para completar el estilismo perfecto en los meses de frío, ya que de nada nos serviría llevar un modelo ideal si luego lo estropeamos con un abrigo que no es el adecuado. Por eso es necesario que nos aseguremos que el que elegimos nos sienta bien y se ajusta a nuestro estilo.

La elección más segura y ponible sería uno en color negro, ya que podrás usarlo tanto de día como de noche, pero hay otros colores que también pueden aportar elegancia, como es el caso del camel y el gris. Mi consejo es que huyas de tonalidades y colores estridentes y estampados porque te aburrirás de ellos a la primera de cambio. Solo si puedes permitirte un capricho, recurre a ellos.

También es necesario tener en cuenta cuál puede favorecer más por nuestra fisonomía. Por ejemplo, a una mujer con espalda ancha no le favorecen unas hombreras excesivamente grandes y a una mujer bajita le afearía un abrigo demasiado largo.

Modelos de abrigos hay muchos y para todos los gustos. Yo compré uno de La Perla hace varias temporadas en Las Rozas Village que no me he quitado de encima y aún conservo. También son muy estilosos los de la firma Max Mara.

Jerseys de punto. Con vaqueros o con falda, con *leggins* y chaquetas… los jerseys de punto sientan bien con cualquier prenda. Por eso siempre debemos tener alguno en nuestro armario. Mejor en colores básicos como beige, azul marino y negro, de cachemir y de estilo masculino.

Pueden resultar muy femeninos combinados con collares estilosos, sobre todo si el cuello tiene forma de pico, porque permiten realzar el escote de forma espectacular.

Y qué decir de los **bolsos…** ¡Qué mujer no acumula varios modelos de este complemento indispensable en nuestra vida! Además, todos los años las casas de moda sacan al mercado modelos para todos los gustos, así que no es fácil quedarse con los imprescindibles para acertar en cualquier ocasión.

Ten en cuenta que, además de cumplir una misión funcional (dar cabida a todos los elementos que consideramos imprescindibles en nuestro día a día) y estética (los hay que son una auténtica joya), los bolsos deben ser cómodos para que no se conviertan en un engorro ante cualquier circunstancia. Es una pieza importante que puede llegar a transformar un atuendo de mercadillo en uno de lujo.

En cuanto a su tipología, es aconsejable hacerse al menos con un maxibolso de piel en el que quepa de todo (es perfecto para la oficina), un bolso de tamaño mediano con asa corta estilo *lady,* uno de paja para el verano y una cartera o *clutch* para la noche.

Respecto a los modelos, las referencias son muchas: el 2.55 de Chanel en negro (que, por cierto, he tenido la suerte de que me lo acabe de regalar una amiga de mi madre), el Amazona de Loewe, un maxibolso de Prada, el bolso Kelly de Hermès, etc.

10

Y si respecto a los bolsos podríamos hablar de infinitas posibilidades, qué decir de los **zapatos.** Wallis Simpson, como contábamos antes, poseía más de 200 pares. Lo cierto es que tampoco hace falta tanto, basta con adquirir modelos básicos para combinar y algunas apuestas más arriesgadas para dar personalidad a nuestros estilismos.

Lo ideal sería hacerse con unas cómodas y elegantes bailarinas (que no me gusta usar con medias ni calcetines), unas sandalias planas, unas botas altas planas, unos mocasines (que no conviene llevar nunca con faldas o vestidos), unos clásicos zapatos negros de tacón y, por ultimo, unas deportivas o zapatos todoterreno (elegiría unas Converse).

Eso sí, el calzado hay que saber llevarlo, sobre todo los tacones ya que, si no sabemos caminar correctamente con ellos, estropeamos todo el estilismo y para eso es mejor quedarse con el zapato plano.

11

Complementos

Unas **gafas de sol grandes:** no es necesario esperar al verano, hace ya tiempo que se han convertido en un elemento indispensable para aportar sofisticación.

Fulares: son un complemento de estilo indispensable para completar los *looks*. Mi consejo es que adquieras unos cuantos, tanto de colores lisos como estampados, que te permitan distintas combinaciones.

Un **reloj** masculino: con camisas de manga francesa, camisetas y jerseys de punto remangados y combinados con distintas pulseras, quedan ideales.

Pendientes grandes para usar de noche: permiten dotar de mayor personalidad al rostro y realzan la belleza de forma espectacular. Solo tienes que encontrar los que más te favorezcan (por ejemplo, si tienes la cara redonda, evita los aros). En cuanto te los pruebes, sabrás si te quedan bien.

Sencillos **anillos** de piedras de colores: son símbolos de lo femenino y nos ayudan a resaltar las combinaciones de nuestro vestuario.

Pulseras anchas, doradas o plateadas. Pueden quedar perfectas si las combinas con camisetas sin mangas.

Eso sí, con los complementos evita el efecto árbol de Navidad y no utilices todos a la vez, porque tendrías un *look* muy poco acertado

12

Por último, en tu armario no puede faltar alguna prenda **vintage** comprada en mercadillo o en tiendas especializadas (ya sea abrigo, vestido, pendientes, etc.) porque te permitirá lograr estilismos muy personalizados, con piezas exclusivas que te distinguirán del resto.

Nota: a la hora de invertir soy partidaria de destinar el mayor presupuesto a los complementos, ya que son los que determinan el resultado positivo o negativo de un *look*. Es decir, una se puede vestir con un básico traje negro que te haya costado poco dinero pero, si se mezcla con complementos actuales y de buena calidad, se cambiará al 100% el resultado del conjunto.

> *El zapato perfecto debe aunar armonía, comodidad, equilibrio y diseño.*
>
> **Manolo Blahnik**

> *Estar esclavizado por la moda indica un alto grado de vacío personal.*
>
> Enrique Loewe

Huye del fenómeno fashion victim

El hecho de interesarse por la moda, querer cuidar nuestro aspecto e intentar vestir mejor no quiere decir que haya que seguir al pie de la letra las tendencias que triunfan en las pasarelas. Por eso es tan importante cuidar nuestro vestuario teniendo en cuenta el ingrediente más importante: nuestra propia personalidad.

Es necesario encontrar un sano equilibrio entre interesarse por algo tan especial como la moda y convertirse en una *fashion victim* que solo tiene en cuenta lo que se lleva. De hecho, este comportamiento denota una gran inseguridad, por eso es importante hacerle frente desde el principio.

A veces me hago la siguiente pregunta, que me gustaría compartir con mis lectores: ¿qué aporta tener cada temporada los últimos *must* y, por tanto, aparcar los que ya tienes de otros años que aún pueden servir? ¿Es una cuestión psicológica? ¿Por qué una persona puede ser capaz de vivir totalmente sometida a los dictados de la moda y que su único objetivo sea comprar y comprar lo último y más reciente?

La ropa no tiene el poder de transmitir un mensaje al mundo. Somos nosotros los que, a través de una elección, estamos mostrando ante los demás nuestra imagen, la forma en que queramos que nos vean. Por eso es importante mantener una cierta fidelidad a lo que uno es, a su esencia. Nuestra personalidad tiene que hacer uso de la moda, pero no dejar que la supedite. Como decía Coco Chanel, «las modas pasan, solo el estilo permanece».

Personalmente no soy nada partidaria del «marquismo» porque sí. Es decir, vestir de una firma o de otra por el simple hecho de enseñar un logo –a mí siempre me gusta tenerlo bien oculto– porque no denota nada. Solo defendería que alguien prefiera vestir de marcas caras y con nombre si fuera por cuestiones de preferencia de calidades y porque realmente le gusta lo que crea dicha firma. Pero de eso no deriva la necesidad de tener que mostrarla al público para que uno se sienta más seguro.

Mi madre siempre me ha repetido una frase que se me ha quedado grabada: «las mujeres nos vestimos para las mujeres». Y es totalmente cierto. Cuando salimos a la calle con un determinado *look,* los chicos, que son mucho más sencillos que nosotras, ven el resultado total (si estás guapa o no) y no se fijan ni muchísimo menos en si tu bolso, tus zapatos y/o tu vestido es de una determinada marca o de otra.

Así que, olvídate de ser *fashion victim*, de ponerte algo por el simple hecho de que esté de moda o porque tenga un logo que te haga sentir mejor.
Si lo haces, que sea porque verdaderamente te gusta, te lo puedes permitir y te hace sentir estupenda.

Claves para no convertirte en un *fashion victim*

No corras a la tienda cada vez que veas el estilismo de una celebridad por la televisión o en alguna revista.

Detente un segundo, cuenta hasta diez y contesta a estas preguntas: ¿mi estilo se parece al de esa persona famosa? ¿Me sentará bien esa prenda? ¿Va acorde con mi personalidad? Antes de cometer una locura, piénsalo.

No te consideres la encarnación de la celebridad de turno, sé tu misma. Gracias a Dios, como tú no hay nadie en este mundo. Así que deja de intentar convertirte en el espejo de otra persona y busca tu estilo propio.

Comprueba tu fondo de armario… ¿se ha convertido en el catálogo de una revista de moda?

Si todo lo que tienes en tu armario está de moda, entonces tienes un problema. Debes de evitar guiarte exclusivamente por las tendencias y dejarte llevar más por tu intuición. ¿Estás segura de que te sientan bien los pitillo? Si no, ¿por qué tienes varios pares?

Procura no fruncir el ceño cada vez que alguien te regala ropa que no es de marca. Dale una oportunidad antes de descartarla. ¿Y qué más da que no tenga la etiqueta correspondiente?

Igual los vaqueros de la tienda de la esquina que nadie conoce te sientan a la perfección.

¿Te produce una suerte de paz interior comprobar que tienes todos los *must* de la temporada? Pues eso se arregla fácilmente. Regala alguna de estas prendas preciadas para comprobar tu grado de apego. Si te es imposible, tienes que empezar a tomar medidas drásticas.

> *No quiero que la gente vaya luciendo enormes logos McQ por la calle con el único fin de ganar millones. Eso solo conseguiría dañar el concepto de marca a largo plazo.*
>
> **Alexander McQueen**

¿No te pones casi nada de lo que compraste la temporada anterior? Eso es lo que realmente no te debió gustar mucho lo que compraste el año pasado, porque si no hubieras repetido. La próxima vez, asegúrate de que te guste. Es lo principal.

¿La única lectura que te interesa es la de las revistas de moda? Abre un poco tu horizonte, verás como a pesar de ser muy divertidas, hay vida más allá de estas revistas. Incluye en tu lista publicaciones más culturales, como las de arte, porque te darán más ideas de lo que piensas.

La tiranía de las *personal shopper*

Seguro que más de una vez, cuando has visto en las revistas a famosas tipo Lindsay Lohan, Paris y Nicky Hilton, Nicole Richie o Mischa Barton, has pensado… ¿son la misma persona con caretas diferentes? Pues, aunque lo parezcan, no lo son. Pero todas han cometido el mismo error: ponerse en manos de una estilista que, en lugar de adaptar la moda y las tendencias a la personalidad de cada cliente, ha hecho tabla rasa con todas. En definitiva, parecen todas sacadas del mismo molde.

Al margen de personalidades concretas, si has decidido incorporar un estilista a tu vida, tienes que asegurarte bien de qué es lo que necesitas. Si de repente cambia por completo tu estilo y no respeta ni tu forma de ser, ni tus gustos, es que algo está fallando.

Mantener la personalidad de cada uno es imprescindible, si no, no estaríamos hablando de moda. Sería una tiranía.

Los 50 looks

En casa

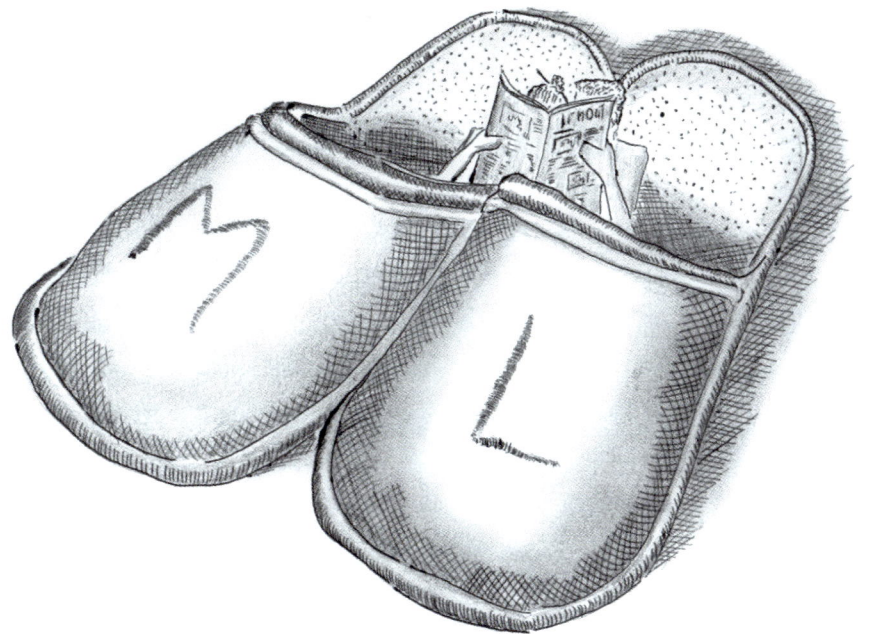

"Siempre he pretendido ofrecer productos de calidad que no caduquen y que se conviertan en acompañantes durante toda la vida. La sencillez de mis piezas hace que sean tan contemporáneas que puedes ponértelas ahora mismo. Hemos conseguido consolidar un estilo.

Roberto Verino

La hora de ponernos el pijama es igual de importante que cualquier otra, aunque mucha gente piense lo contrario. El hecho de estar en casa a punto de irte a dormir no implica que no tengas que cuidar tu aspecto desde el punto de vista más natural. Estoy segura que tus padres, marido y/o hijos estarán encantados de verte guapísima cuando estés vestida con ropa de dormir.

Según la ocasión y teniendo en cuenta si estás en tu propia casa, de amigos o de tus suegros, por ejemplo, deberás cuidar algunas cosillas. Si estás en tu propia casa, se admite todo porque se supone que te encuentras en un ambiente de plena confianza y no es necesario sacarle punta a tu *look* pijama para que sea el más perfecto del mundo. Yo personalmente me siento comodísima con pantalones holgados masculinos que siempre combino con una sencilla camiseta blanca de tirantes. En invierno y para no pasar una gota de frío, suelo usar una camiseta blanca de manga larga, pantalones de tejidos calentitos, calcetines gordos suavitos y, además, me pongo encima una rebeca larga de lana color gris que tengo de Pedro del Hierro y que abriga muchísimo.

Pero, si lo que te apetece es ponerte un camisón, que suele ser una pieza más *sexy*, deberías recurrir a una bata. Soy una enamorada de la colección de preciosos camisones que tiene mi madre y que voy heredando poco a poco cuando ella los jubila. Son de tejidos delicados como raso y gasa y, a veces, están rematados con preciosos bordados. El uso del camisón es un símbolo claro de feminidad y delicadeza. Sobre todo, es perfecto para el verano porque es mucho más ligero y fresquito. Eso sí, por mucho que se pongan de moda los colores oscuros, en mi caso siempre me gusta meterme en el sobre con uno blanco virginal o, a lo sumo, utilizo tonalidades suaves como pueden ser el beige, rosa palo o lila. Lo mismo me pasa con las sábanas: dormir en unas oscuras o de tejidos toscos me da una sensación poco limpia. No me preguntéis por qué pero es así.

En los lugares de menor familiaridad, deberías invertir más tiempo en cuidar este estilismo porque dará muy buena imagen. Lo normal es que estando invitada en una casa, no aparezcas en ningún momento vestida con tu pijama pero, en el caso de que las costumbres de la casa lo permitan siempre deberás llevar una elegante bata encima, por ejemplo, para ir a desayunar (eso sí, olvídate de la de *guatiné* por favor). Para mi gusto, las más bonitas son las de raso con caída que se deben usar con camisones de tejidos muy finos debajo para evitar las arrugas interiores ya que quedan feísimas y, por otro lado, también me gustan las de popelín liso blanco ribeteadas con una fina línea de color para usar con pijama.

A lo mejor os sorprenderéis, pero para mí la cama, además de un sitio para dormir, es el perfecto lugar de trabajo para las mañanas de un fin de semana. De hecho, hoy es domingo y estoy escribiendo envuelta en mis sábanas blancas y rodeada de gozosos cojines. ¡No os imagináis lo que me inspira! En algunos casos hasta desayuno también aquí un kiwi, un bol de cereales integrales y un té rojo o un café cortado. Eso sí, entre semana, me despierto siempre por inercia a las 7.30 de la mañana y pego un brinco para saltar fuera que me hace casi llegar al techo.

Pijama

Intenta

> Estar bien aseada para meterte entre las sábanas si no quieres que se ensucien antes de tiempo. De todas formas, procura cambiarlas una vez a la semana.

> Ventilar bien la cama antes de volver a hacerla. No hay nada más agradable que irse a dormir y notar que las sábanas están fresquitas.

> Usar la bata de tu novio o marido para ponértela encima del camisón.

> Desmaquillarte bien antes de ir a dormir porque tu piel te lo agradecerá.

Evita

> Ir descalza. Trata de usar unas bonitas y elegantes zapatillas de andar por casa (prohibidas las que llevan incrustadas un oso de peluche o similar).

> Meterte en la cama con calcetines porque siempre se acaba pasando calor.

> Dormir con el sostén puesto y con miles de complementos encima (anillos, pulseras, pendientes, etc.) porque resulta incomodísimo.

> Usar maquillaje en estos casos porque no pega ni con cola.

Estoy cansada, me duele un poco la cabeza después del ajetreado día de trabajo que llevo y, además, tengo un poco de sueño… Cuando me pasa esto, sin duda, el lugar en el que más me apetece estar es en mi casa a la que he bautizado con el nombre de «Paraíso» y donde, como norma general, es obligado cenar, al menos, cuatro días a la semana.

Hace años, cuando me tocó decorarla, mi intención fue crear un pequeño rincón romántico en Madrid con tonalidades suaves que me transmitieran paz y un aroma que me hiciera soñar. Es por eso por lo que mi casa está decorada en tonos beige y blanco con algunos toques de mi color preferido: el magenta. Además, la he inundado de velas perfumadas, libros y películas que me inspiran muchísimo a la hora de escribir. Otra cosa de vital importancia para mí es la iluminación: me gusta muy suave y acogedora.

Después de esta pequeña descripción de mi querido rincón, entenderéis perfectamente que me cueste mucho salir de ahí. Disfrutar de mi hogar es la medicina perfecta para todo lo que me pueda pasar.

Para estos momentos que paso de relax en casa, lo que más me puede apetecer del mundo es ponerme comodísima y lo primero que suelo hacer nada más entrar por la puerta es descalzarme.

El estilismo casero es el más sencillo de crear. Si toca quedarse sola en casa, en ese caso no hace falta guardar tanto la compostura y solo hay que pensar en cómo le gusta a una verse. En mi caso, suelo recurrir a una camisa amplia masculina por encima de la rodilla. Me gusta que sea de color claro porque me transmite armonía. Otra buena opción es usar una bata suave de algodón de las mismas tonalidades, ya que la encuentro comodísima. En invierno, también me encanta llevar una rebeca de lana muy larga además de unos calcetines en tono gris para evitar que se me enfríen los pies.

Además, te aconsejo que, en estos ratos en los que nadie te ve, aproveches para limpiarte bien la piel y ponerte la mascarilla hidratante que hace tiempo que no te aplicas y que siempre viene de maravilla. También son buenísimas las proteínas para el pelo que, por norma general, debes dejar actuar durante un buen rato y casi siempre, con las prisas, suele ser imposible encontrar un momento para hacerlo.

Si el plan casero se da en una casa familiar en la que entra y sale gente sin parar, tendrías que ser más cuidadosa con tu estilismo por respeto a los demás aunque sean personas con las que tienes confianza. Aprovecho para decir cómo me gustan a mí esas casas enormes donde se reúnen abuelos, tíos, primos, etc. para pasar las vacaciones de verano, la Navidad o Semana Santa… Cuando me toca vivir este tipo de situaciones, suelo recurrir a un exótico caftán o a una bata japonesa de colores.

En el pelo, siempre suelo hacerme el típico moño *home made,* agarrado con un lápiz, parecido al que nos hacíamos de pequeñas en el colegio. No puede ser más fácil y práctico.

Intenta

> Usar ropa ligera y suave.

> Pensar en ti, tus cuidados y mimos. Se admite ser un poco egoísta en estos casos.

> Cerrar los ojos durante un buen rato y no pensar en nada. Es buenísimo limpiar la mente.

> Leer, ordenar, escribir tu diario e, incluso, cocinar.

Evita

> Utilizar ropa ajustada. Es el momento para ir lo más holgada posible, tu cuerpo lo agradecerá.

> Llevar sostén, siempre es bueno descansar de él.

De relax en casa

Intenta

> Organizar el armario según el tipo de prendas y el colorido porque luego será más fácil para ti elegir lo que te pones.

> Asegurarte de aspirar bien las alfombras cuando limpies el armario porque se acumulan muchas pelusas y partículas sobre ellas.

> Guardar ordenadamente en cajas de plástico la ropa de la temporada pasada para que luego no sea tan complicado colocarla. Y, si puedes protegerlas de las polillas con bolas de naftalina, mucho mejor.

Evita

> Guardar una prenda de ropa manchada hasta la siguiente temporada: lávala o llévala al tinte antes para que luego no sea demasiado tarde.

> Retrasar el necesario orden por pereza. Piensa el horror que supone no poder correr bien las perchas para poder hacerte divertidos estilismos.

> Ir de compras hasta no haber hecho el orden de armario. Así evitarás acumular más.

> Comer mientras estas ordenando porque pondrás todo perdido. Lo único que se admite es beber agua sin parar.

Limpieza y orden

De solo pensarlo me da pereza, pero hay veces que, nos guste o no, toca darle un repasito de limpieza a nuestro hogar o poner orden en nuestro armario. Esto último suele coincidir con el cambio de estación que es cuando sacamos la ropa de verano o de invierno, según sea la época.

Siempre digo que mi sueño más anhelado es tener un vestidor en el que me quepa la ropa de todas las temporadas, en vez de estarla sacando y guardando todo el rato. Resulta bastante cansino pero, como eso no todo el mundo lo puede tener, nos tendremos que conformar con lo que hay y adaptarnos de la mejor forma posible.

Lo que suelo hacer cuando veo que en mi armario no cabe ni una percha más es organizar inmediatamente zafarrancho de combate en casa durante el fin de semana más próximo, que es cuando una está más tranquila. Ese día elijo la ropa más cómoda y cuanto más vieja sea mejor, porque sé que al final de mi «momento orden» acabará casi para tirar. Lo ideal para mí es un mono vaquero con una camiseta debajo. Es lo más cómodo que existe para esta situación y, por supuesto, complementos fuera. Por otro lado, el pelo debe estar recogido para evitar tenerlo en la cara ya que resulta incomodísimo.

La primera operación que hago es vaciar el armario entero y aprovechar para quitar el polvo acumulado durante todo el tiempo que ha estado sin tocar. Luego hago una primera limpia «sin piedad» de cosas que no me pongo desde hace dos temporadas y las voy guardando en bolsas. Evito el típico «y si…» o «por si acaso». Si hay prendas que dudo si regalar o no, me las vuelvo a probar para quitarme la incertidumbre y me hago una foto con el móvil para enseñársela a alguien de mucha confianza y que esa persona tenga la última palabra. Recuerdo que una vez, con mi histeria de regalar, quise quitar de en medio un maravilloso traje largo de flores pero menos mal que se lo enseñé a mi madre antes, porque me hizo darme cuenta que era una locura desprenderse de él. Eso es lo que ocurre cuando haces orden, que hay que tener cuidado porque regalar es adictivo, por lo menos para mí: una vez que empiezas no paras.

Al final del día, acumulo en el salón de casa montones de bolsas y al día siguiente invito a mis amigas a merendar para que escojan todo lo que quieran. Ellas se quedan felices ya que, por lo menos, les solucionas el problema de qué ponerse para varias temporadas. La ropa sobrante la entrego en la parroquia más cercana, salvo las piezas más importantes, que lo que hago es llevarlas a una tienda de segunda mano para que las pongan a la venta.

Ha llegado el momento de corresponder a tu grupo de amigos más cercanos y organizar con mucho cariño una agradable cena en casa.

En el caso de que se trate de una cena formal, es importante cuidar todos los detalles. En estos casos yo diría que se invierte mucho más tiempo comprando todo lo necesario para preparar la cena y para que tu casa parezca lo más acogedora posible que en buscar tu propio estilismo.

Es el momento de inundar mi hogar de velas de olor (personalmente me chiflan las de la marca francesa Diptyque) y de maravillosas flores (las peonías me entusiasman). Además suelo tener a mano un libro de firmas para que todos los invitados escriban algo especial ya que es algo muy bonito para recordar.

Partiendo de la base de que mi casa es bastante pequeña, pero muy acogedora, suelo acabar organizando una cena tipo bufé en la que cocino yo misma y presento todas las bandejas en una misma mesa para que luego los invitados se vayan sirviendo a su antojo. Este tipo de cenas me encantan porque son muy dinámicas y divertidas ya que los asistentes hablan todos entre sí de forma natural. Si en tu caso tienes un espacio mayor en el que caben más de 50 invitados, te aconsejaría organizar un cóctel, pero hay que tener cuidado con el tamaño de los canapés que se preparan y de cómo son porque hay veces que te las ves negra para comer mientras estás hablando con alguien.

La cena sentada o *placé* es otro tipo de modalidad a la que puedes recurrir si tienes una casa grande pero, bajo mi punto de vista, es mucho más estática y puede hasta resultar aburrida si no has tenido la suerte de que tus compañeros de mesa sean entretenidos.

Siguiendo con la modalidad *placé,* una de las cosas en las que yo pongo mucho hincapié es en cómo vestir la mesa para que quede lo más coqueta posible. Analizar a fondo este tema implicaría casi hasta tener que escribir otro libro pero me atrevo a dar unas breves pinceladas al respecto. Personalmente me encantan las vajillas en las que todos los platos son diferentes porque dan un toque muy especial y las servilletas, que deben ser siempre de tela, me gusta ponerlas de una forma sencilla y no intentando hacer formas rocambolescas como ocurre en muchos restaurantes y cuyo resultado me parece de lo más hortera.

Dicho esto, paso a especificar un poco más a fondo el *look* de la persona que recibe en su casa porque es el tema fundamental de este libro. En estos casos siempre me río acordándome del anuncio de Ferrero Rocher donde Isabel Preysler cumple a la perfección los requisitos de una buena anfitriona. En mi caso, al tener una casa pequeña, prefiero dejar de lado los tacones y optar por un elegante zapato plano como pueden ser las *slippers* femeninas de terciopelo. Me gusta llevar ropa cómoda sin dejar de ser distinguida. Por lo general, excepto en contadas ocasiones, tiendo a usar colores oscuros porque estas tonalidades son las que mejor

disimulan las manchas. Teniendo en cuenta que una buena anfitriona suele estar entrando y saliendo de la cocina continuamente para supervisar que todo va sobre ruedas, haciendo esto evito un gran problema. Si en tu casa tienes la suerte de que cuentas con mayor espacio y, además, personas de servicio que te echan una mano con la organización, puedes recurrir a un *look* más sofisticado con zapatos altos porque no tienes que moverte tanto y tan solo debes preocuparte de entretener a tus invitados.

Otra cosa que hay que tener en cuenta es no ir demasiado abrigada ni con tejidos demasiado gruesos, porque el ajetreo organizativo te hará entrar en calor rápidamente y no conviene que te dé una lipotimia delante de todos los asistentes.

En estas ocasiones aprovecha para incluir en tu estilismo alguna pieza especial, ya sea una joya o una prenda bordada. Y, por supuesto, deja el bolso de lado. No olvides que estás en casa y puedes ir a tu cuarto en cualquier momento para coger lo que necesites.

Por recibir en casa también puede entenderse el momento en que invitas a una amiga en plan informal a tomar algo porque te apetece cotillear lo que ha pasado en el último mes, o porque tenéis un trabajo pendiente del que hablar. En estos casos no es cuestión de que estudies tu *look* al detalle, pero de alguna manera hay que intentar guardar las formas aunque tengas mucha confianza con la persona que va a tu casa. Es cuestión de respeto. Por tanto, evita que las zapatillas de andar por casa sean demasiado informales. Trata de ir bien peinada y quítate la bata de encima, a no ser que estés enferma y hayan venido a hacerte una visita.

> *Los diseñadores proponemos cosas y es la gente la que las transforma en moda cuando las acepta.*
>
> **Adolfo Domínguez**

Intenta

> Si tienes hijos pequeños, que saluden a los invitados a su llegada y puedan retirarse luego a su habitación. Es un gran detalle.

> Usar una chaqueta tipo batín porque resulta muy elegante, sobre todo en tejidos de terciopelo.

> Si es una cena pequeña entre amigos, que no te dé apuro recurrir a su ayuda para que traigan el vino o el postre.

Evita

> Servir cenas demasiado pesadas porque la mayoría de las mujeres y muchos hombres prefieren comer ligero.

> Olvidar el hielo. Es lo típico que siempre pasa y la bebida sin él no es lo mismo.

> Arreglarte en exceso para no acomplejar a las invitadas que no hayan hecho tanto esfuerzo.

Este es el típico *look* al que recurres cuando te levantas con poco tiempo para elegir tu estilismo, vas a toda prisa porque no llegas a no se sabe donde y, además pasas de todo porque tampoco te apetece seguir ningún tipo de pauta para vestirte. Por otro lado, tienes la tranquilidad de saber que ese día en cuestión no tienes ningún tipo de reunión formal o evento social que te obligue a ceñirte a un determinado protocolo. Te sientes totalmente libre para sacar piezas de tu armario a lo loco y darte una pequeña mini-vacación en cuanto a las mezclas estudiadas se refiere.

En ocasiones me siento un tanto saturada del momento «modelitos» y, justo esos días en los que paso de todo, me pongo lo primero que pillo sin pensarlo ni un segundo y al final, no sé cómo, suele salir bien porque, cuanto menos vueltas le das, más genial te acabas vistiendo.

En este tipo de situaciones me suelo olvidar de las prendas complicadas de poner –ya sea porque tengan botones, lazadas o algún otro detalle– y, por lo general, recurro a lo más fácil y cómodo. La excepción a esto puede ser, tal vez, los zapatos.

Al estilo que suele resultar de estos arrebatos yo lo llamo *sport* americano. Utilizo piezas como vaqueros de colores, camisetas, sudaderas –tengo verdadero cariño a una de Mickey Mouse que guardo desde hace años–, zapatillas Converse, chaquetas informales, etc. Dependiendo del día, en otras ocasiones suelo recurrir al estilo *hippie* y, por ello, siempre tengo un hueco reservado en mi armario para vestidos, monos o faldas largas. Como esos días yo suelo estar bastante perezosa para escoger qué me pongo, los complementos siempre los elijo bastante simples, a no ser que tenga a primera vista unas pulseras o pendientes ideales que me solucionen la papeleta sin tener que rebuscar durante largo rato en el armario para encontrar algo.

Otra buena opción sería un *look* masculino, usando alguna que otra pieza *oversize* que hayas robado a tu chico esa mañana como puede ser un bonito jersey de cachemir. Si elijo este estilo, me gusta completarlo con unos mocasines de cordones.

En general, decídete por prendas de buena calidad, básicas y que no sean muy aparatosas. Si le añades un buen bolso a tu estilismo, además de un estiloso fular, dará la sensación de que te has trabajado el *look* más de lo que lo has hecho en realidad.

El pelo, aunque por norma general se debe llevar arreglado, en esas ocasiones puedes permitirte llevarlo sin haberte hecho el típico *brushing* de peluquería. Estos días puedes optar por dejarlo secar al aire, sobre todo, si eres de las que tiene un pelo de rizo natural, ya que te quedará precioso.

Lo mismo ocurre con el maquillaje, que debes tender a aplicar de manera muy natural, sin ningún colorete o color de labios que llame demasiado la atención. Eso sí, este día son de uso obligado las gafas de sol, cuanto más grandes sean mejor, para poder ocultar alguna posible ojera que, debido a las prisas, no hayas podido tapar bien.

Cuando pienso en este *look* siempre me viene a la mente la imagen de Elle MacPherson, Rosario Nadal o Claudia Schiffer cuando van a dejar a sus niños al colegio a primera hora de la mañana londinense. Ellas suelen presentarse con un estilismo que resulta de lo más *cool*. Estoy segura que han tardado poquísimo en vestirse ya que, a esas horas, no hay quien pueda pararse a pensar sobre qué cosa ponerse o cuál no.

Intenta

> Usar un fular o bufanda estilosa ya que, aunque este día sea el típico en el que no te apetece pensar en complementos, esta pieza te solucionará el *look.*

> Recurrir a los *leggins* (preferiblemente negros) porque son muy cómodos y fáciles de combinar. Con jersey amplio o un *blazer* encima te pueden quedar ideales.

> Si tienes la mañana libre, recurrir al *look* «*gym* sofisticado» con zapatillas de deporte, *leggins* y un buen abrigo que te tape hasta la rodilla.

Evita

> Pasarte de la raya descuidando tu imagen más de la cuenta. Que no tengas tiempo para vestirte no significa ir zarrapastrosa.

> Los zapatos de tacón alto porque con prisas son incomodísimos.

Con la familia

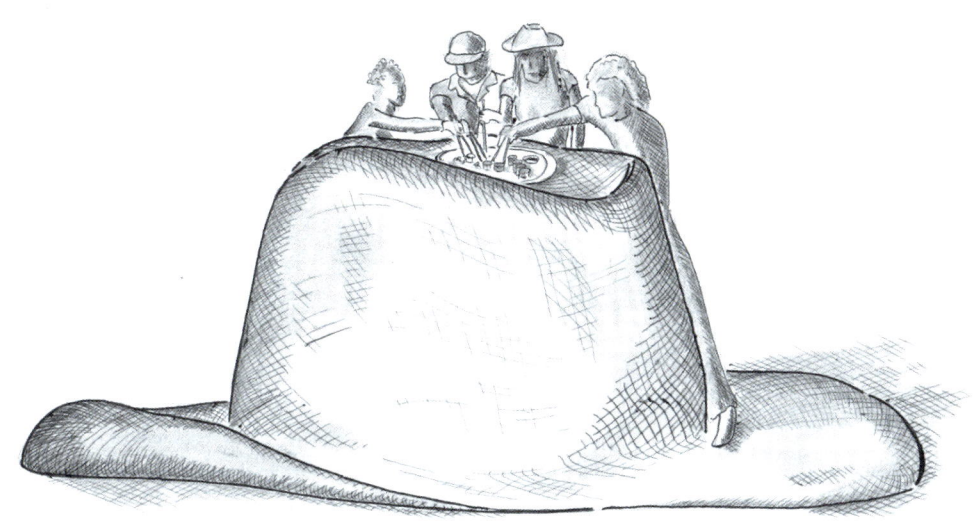

"La moda es un conjunto de cosas que traspasa los límites de la ropa, es una manera de estar en el mundo y solo adquiere significado cuando baja a la calle y sirve como forma de expresión. Una mujer no debe sentirse nunca condicionada por las orientaciones de un diseñador y si lo hace es que no es inteligente. Debe buscar, ante todo, lo que va con su personalidad y sus gustos.

Miriam Ocariz

Desde que tengo uso de razón siempre suelo escuchar una vocecita de *Campanilla* que me dice qué bien estás hoy o qué mal vas. Aunque fastidie, moleste, enerve y demás, debemos dar las gracias por tener una madre cerca que nos quiere y que siempre nos aconseja lo que es mejor para nosotros y para nuestro aspecto.

Está claro que, de todo el abanico de opciones que tenemos cada una para vestirnos, hay algunas que las madres no pueden soportar; es más, les saca de quicio ir con sus hijas por la calle vestidas de esa manera desaliñada a la que nosotros llamaríamos *hippie chic* o *grunge*. Con lo cual, si verdaderamente lo que nos hace ilusión es verlas felices, que tanto se lo merecen, lo mejor es que el día que hemos quedado a comer con ellas dejemos colgadas en el armario ese tipo de prendas más informales.

Una de las cosas más importantes y en la que más se fijan las madres es en la forma en que las hijas vamos peinadas. Te sugiero que antes de quedar con la tuya, te des una vuelta por la peluquería para estar impecable y evitar la pesada riña continua de que si te has peinado o te has dejado de peinar que, al menos a mí, me estresa bastante y no me permite disfrutar tanto como me gustaría de los ratos que paso con la que yo llamo cariñosamente *MaterSalvatoris*.

Aprovechad también ese día que habéis quedado con ella para ir de compras juntas porque será la perfecta compañera que os sacará de dudas en los casos en los que no sepáis si compraros algo o no porque no tenéis ni idea de si realmente os favorece. Además, os podrá orientar y dar ideas nuevas de cómo vestir porque suelen tener mucha información inspirada en su época de juventud y… ¡como las modas siempre vuelven!

Intenta

> Ponerte la ropa que te ha regalado el día que quedes con ella. Le hará ilusión.

> Hacer trueques de complementos, ropa y zapatos si compartís la misma talla y la misma estética. Es una manera fácil de renovar el armario.

> Pedirle prestada alguna pieza *vintage* heredada de la abuela porque le dará un toque glamuroso a tu *look*.

> No cortarte en decirle lo guapa que está porque le encantará oírlo.

Evita

> Ir completamente a tu bola desoyendo sus consejos, porque siempre pueden ser muy sabios.

> Llevar estilismos demasiado estrambóticos.

> Los tatuajes y los *piercings*.

> Ir despeinada y con las manos y pies mal arreglados para no dar aspecto de sucia. Es algo que a las madres les repatea.

El sí de las mamás

Intenta

> Llevar un camisón y una bata ideales cuando tengas un plan en el que haya que pasar la noche. No hay nada más femenino, delicado y elegante que ir bien vestida con ropa de dormir.

> Ponerte algo que te haya regalado ella porque siempre hace mucha ilusión verlo puesto.

> Ser sobria y llevar las joyas justas, porque tampoco se trata de aparentar nada.

> Preguntarle sobre qué ropa debes llevar para que te ayude un poco en el caso de que haya organizado un plan de varios días.

> Sin ánimo de ser pelota, ¿por qué no le llevas unas flor de vez en cuando? Es un detalle bonito para tener con ella.

Evita

> Usar deportivas ni gorras estilo béisbol en tus estilismos porque suelen ser poco femeninas.

> Los escotes muy pronunciados, transparencias exageradas y minifaldas demasiado evidentes. En general, evita un *look* que te exponga más de la cuenta.

> Ser desordenada siempre. En caso de que te quedes a dormir en su casa, no dejes la habitación hecha un asco porque causa una impresión malísima.

> Tratar de impresionar hablando *ex cathedra* durante las comidas. Tampoco seas de las que no paran de rajar: hay veces en la vida en las que hay que saber mantener la boca cerrada.

Para quedar con tu suegra

Lo primero que debes tener en cuenta acerca de este *look* es que, si estás acostumbrada a llevar un aspecto desaliñado y poco cuidado en tu forma de vestir diaria, es el momento de pulirlo, aunque sea en algunos pequeños matices, para que tu suegra no se lleve una mala impresión. No se trata de cambiar tu personalidad ni tus costumbres, ni muchísimo menos, pero sí de tener un poco de interés para dar la imagen de la chica estupenda que verdaderamente eres y no de una zarrapastrosa.

Por tanto, el *look grunge,* con el pelo sin peinar y la ropa dos tallas más grandes y con algún que otro agujero, quítatelo de la mente para estar con la madre de tu novio o tu marido y aprovecha este momento para sacar tu vena femenina al máximo porque comprobar que tu hijo está con una chica coqueta al lado es lo que más le puede gustar a ellas.

No se trata de que en estas ocasiones aparentes ser una chica bien y educada al extremo porque podrías pecar de cursi. Sé natural y como eres en realidad, pero guardando las formas más de lo habitual. Es el momento de que te vengan a la cabeza las cosas que te repetía tu madre una y otra vez cuando te aleccionaba y de ponerlas en práctica.

No actúes como si tuvieras una confianza al cien por cien porque a tu suegra hay que respetarla y, en su terreno, hay que guardar sus normas. Por ejemplo, nada de ir a la cocina y abrir tú misma la nevera como estás acostumbrada a hacer en tu casa, poner las piernas encima del sillón o ir a desayunar con la camisa de tu novio o marido. No revoluciones tu forma de vestir, en el sentido de tener que transformarte cada vez que hay comida o plan con tu suegra, porque no se trata de eso. Intenta desarrollar tu estilo femenino al máximo en estas ocasiones y siempre acertarás.

Herencia de la abuela

Disfruto mucho incluyendo en mis estilismos piezas clásicas que encuentro en mercadillos o, sencillamente, que pertenecieron a mi madre, abuela, tía, etc. y que han llegado a mis manos por arte de magia.

Me refiero a ese clásico bolso de Hermès, Chanel o Gucci, como el que saco en la foto y que le regalaron a mi madre por su boda, un vestido retro de no-se-sabe-qué maravillosa tienda de entonces –recuerdo que mi madre me hablaba de Fancy–, una joya antigua, un espectacular abrigo cosido de morir, etc. Tener ese tipo de cosas en el armario es sinónimo de poseer verdaderas joyas.

Una de las mejores anécdotas que tengo al respecto fue cuando, hace bastante tiempo, pasé un fin de semana en la casa de campo de un amigo jerezano al que adoro y al que conozco de toda la vida. Una de las tardes que estuve allí, su madre me propuso que revolviéramos juntas en sus baúles donde había muchísima ropa llena de polvo y con olor a humedad del tiempo que llevaba guardada. Cuando empezamos a desempolvar pieza por pieza, no os podéis ni imaginar las maravillas que había ahí escondidas y que estaban casi olvidadas. Figuraros mi cara de sorpresa. Ella, Elisa, me regaló varias cosas y aún conservo un espectacular abrigo color mostaza con un diseño típico de los sesenta. Es una de las prendas que guardo en mi armario con más cariño. Espero que el día de mañana, si tengo niñas y nietas, se lo puedan poner.

Otra divertida historia tuvo lugar en un viaje que hice a Londres para visitar a una amiga que vivía allí. Ella me llevó a conocer los rincones más secretos de la ciudad y, entre otros, conocí una de las tiendas más famosas de ropa *vintage* en el barrio de Portobello. ¡Menudas exquisiteces encontré… Qué trajes, qué bolsos… qué todo! Fue gracioso ver que el dueño, dentro de la tienda, poseía un espacio muy particular con una puerta secreta que estaba reservado solo para íntimas amigas suyas entre las que se encontraba Kate Moss.
Tuvimos la suerte de poder entrar en aquel lugar mágico, que me recordó al típico paraíso con el que hemos soñado todas, lleno de ropa y complementos preciosos, en el que jugamos a disfrazarnos de mil maneras. Pues así fue. Y ese día nos sentimos auténticas celebridades.

Si tuviera que elegir mi tienda fetiche de ropa *vintage* en el mundo, os confesaría que es la de Kiki-Ritz en Los Docs de la Negresse de Biarritz. Cada vez que incluyo una de sus prendas o accesorios en mis estilismos, marca la diferencia.

Intenta

> Revolver por mercadillos de distintas ciudades para encontrar maravillosas piezas *vintage*.

> Combinar piezas antiguas con modernas. ¡Es lo más!

> Adaptar a tu gusto cada prenda que heredes de tu madre o abuela.

> Fijarte en el estilo de la modelo Karen Elson o de la actriz Alexa Chung, a las que este estilo les sienta de maravilla.

> Sacar el máximo partido de los vestidos *vintage* porque son muy versátiles y permiten todo tipo de accesorios. Aprovéchalos y haz que tu estilo resalte más.

> Antes de adquirir algo, comprueba la etiqueta y fíjate bien en si la pieza ha sido modificada.

> Poner la prenda a contraluz y comprobar que no tenga manchas o agujeros provocados por las polillas o un cigarro.

> *No creo que sea posible la vanguardia sin tradición. Me gusta intentar reinventar o darle nuevas aplicaciones a las cosas.*
>
> **Amaya Arzuaga**

Evita

> Utilizar ropa de segunda mano que esté en muy mal estado por mucho que te guste, porque darás un aspecto de dejada.

> Usar ropa antigua que te haga parecer una mojigata sin estilo. Hay personas a las que las piezas *vintage* no le van nada. Generalmente, las más delgadas son a las que más le favorecen.

> Lavar la ropa en la lavadora. Este tipo de prendas se suelen estropear con facilidad. Aunque en la etiqueta ponga que la puedes lavar, es preferible hacerlo a mano y con jabón suave neutro.

> Comprar piezas con remiendos o deterioradas, que tengan estropeado el cierre o les falten algunos adornos. Si aún así te has enamorado de la pieza, regatea. Ya te ocuparás de arreglarla con tu modista de confianza.

En el trabajo

❝ La moda sin la industria no es nada. Puedes mantener la alta costura con unas cuantas costureras y un taller muy pequeño, pero la moda, tal como la concebimos hoy, tiene que contar con la industria y todas las grandes marcas que hay en el mundo, todas, están perfectamente conectadas con la industria.

Pedro del Hierro

Intenta

> No usar faldas demasiado cortas. Son perfectas las de forma trapezoidal, que quedan ideales con botas altas, sin tacón o con tacón ancho.

> Elegir piezas que no se arruguen mucho para no acabar dando una imagen demasiado descuidada.

> Llevar el pelo muy cuidado y, a ser posible, recogido, porque da sensación de mayor orden.

> Tener las manos siempre perfectamente cuidadas. Nada de morderse las uñas.

> Utilizar un maquillaje natural como la vida misma y perfumes que no sean demasiado fuertes.

Evita

> Usar colores y estampados estridentes.

> Los escotes demasiado pronunciados, las transparencias y la ropa demasiado entallada.

> Las faldas con bailarinas, a no ser que tengas las piernas delgadas.

> El pantalón vaquero. En estos casos está prohibidísimo.

> Las bailarinas. Es mejor usarlas en verano, porque llevarlas con calcetines o medias a mí no me parece estético. Sí me parece más indicado combinarlas con medias de puntitos o rejilla pequeña, siempre y cuando lleves pantalones.

Trabajo formal

En este tipo de situación la creatividad en la manera de vestir es mucho más limitada, porque hay que intentar cumplir una serie de normas. Me refiero al trabajo que realizan abogadas, políticas, banqueras, funcionarias, etc.

Aunque, en apariencia, esta forma de vestir es un poco aburrida y ñoña, siempre se le puede acabar sacando jugo, y aplicar alguna que otra tendencia al *look* oficina. Eso sí, siempre desde un punto de vista muy sobrio, ya que en estos casos, ir llamativa no tiene sentido.

Es cierto que el estilo de vestir de las chicas que tienen un empleo más serio se ha ido renovando con los años y antes solo cabía recurrir a un perezoso traje de chaqueta de falda o de pantalón. Últimamente, se han ido introduciendo de modo paulatino partes de arriba de punto o cachemir para posteriormente añadir al estilismo un abrigo tres cuartos que lo hace mucho más actual. Es un estilo que yo denominaría «neoyorquino». Es decir, el de una chica elegante y sencilla que no quiere llamar la atención. Caroline Bessette, mujer de John John Kennedy, representaba este estilo a la perfección. En especial, recuerdo su *look* de falda color camel por debajo de la rodilla, con jersey muy estrecho negro de cachemir y botas altas. Iba impecable.

Está claro que la pieza imprescindible para tener en estos casos es el *blazer* masculino, porque lo puedes combinar de mil maneras: desde con pantalones pitillo hasta con los de «pata de elefante» pasando por un vestido, que le daría un punto muy actual. Concretamente, en el caso de los pantalones, prefiero que sean siempre altos de cintura porque sientan infinitamente mejor.

En cambio, para combinar con faldas y darle un punto contemporáneo al *look,* lo ideal es usar blusas entalladas o *tops* estrechos de punto. Pero, si no se quiere prescindir de la chaqueta, lo ideal es llevarla ceñida y cerrada con el toque de cinturón por encima, ya que realzará mucho más la figura.

Centrándonos en los zapatos, los tacones anchos son la mejor opción. Los finos se podrán usar siempre y cuando no sean muy altos, porque resultarán demasiado extravagantes. Las botas altas solo se admiten en el caso de llevar falda o traje porque si las llevas por encima de los pantalones estarás informalizando el estilismo. En primavera-verano, me encanta recurrir a las bailarinas. Quedan ideales con pantalones de pinzas tobilleros para darle un rollo Audrey Hepburn. Con este tipo de pantalones o incluso con una falda tubo o evasé, también combinan a la perfección los botines bajos, que le dan un punto muy moderno al *look.*

Trabajo creativo

Si tienes un trabajo como galerista, diseñadora gráfica, publicista, maquilladora, modelo, etc. este es tu capítulo. Además tienes la suerte de contar con un campo abierto para aplicar tu increíble imaginación a tu forma de vestir. Se trata de dar una imagen innovadora respetando siempre tu propia personalidad.

Vestir de forma creativa no significa que tengas que ser una *fashion victim* y cumplir al pie de la letra las leyes de la moda. Rompe con todo, sé libre, sigue tus gustos, pero siempre guardando la compostura, en especial los días en los que te toca tener reuniones más formales en las que tendrás que cumplir unas normas básicas de protocolo.

En mi caso, llevo años vinculada al mundo de la comunicación de moda. Eso me ha permitido crear un estilo personal con el que me siento muy identificada.

Además de que me apasiona mi trabajo, soy afortunada porque me permite levantarme todas las mañanas con la ilusión de crear un estilismo diferente y eso es lo que más me divierte. Sobre todo ahora que tengo un blog en la web de la revista *Yo Dona* donde comparto con mis seguidores todos mis estilismos diarios.

Me viene a la cabeza la época en la que estaba en la universidad, y me sentía totalmente independiente, sin miedo a que alguien me llamara la atención por vestir de una u otra forma. Miento, la única que en un momento dado me podía preguntar «¿dónde vas así vestida?» era mi madre. Entonces se me quedaba una cara de tonta integral porque sabía que, si me decía que no iba bien, al final tenía que ir a cambiarme porque, por mucho que me molestara, tenía razón.

Otra de las cosas características de mi trabajo es que casi puedo parecer una oficina andante ya que suelo llevar encima hasta tres teléfonos móviles, libreta de notas, mi pequeño MacBook Air, mi cámara de fotos, etc. Y eso hace que, por regla general, use bolsos grandes o más de un bolso para que me quepan bien todos mis utensilios electrónicos.

En esta situación, que he llamado trabajo creativo, cada día puedes interpretarte con un estilo diferente, variando del *grunge* al *preppy,* del *hippie chic* al *rock* o, incluso, al clásico. Es la hora de sentirte actriz e ir variando de uno a otro sin pudor siempre que te sientas identificada con él. No olvides que la forma de vestir es una manera de comunicar un mensaje a la gente y es ahora cuando toca expresar que lo tuyo es la imaginación.

Intenta

> Incorporar vaqueros de todas las formas y colores.

> Probar calzado deportivo adaptado a la ciudad y las divertidas Converse.

> Utilizar camisetas y, cuanto más creativas, mejor.

Evita

> Si usas sombrero, mantenerlo puesto si estás dentro de un sitio cerrado. Ser libre a la hora de vestir no significa que tengas que incumplir las normas básicas de educación.

> Usar pantalones demasiado bajos de cintura que acaben enseñando la ropa interior.

> Si usas *shorts* en verano, que sean demasiado cortos y nunca los combines con tacones.

24 horas fuera de casa trabajando

Suena el despertador, abro los ojos y, antes de saltar de la cama, chequeo la agenda de mi Blackberry. Compruebo que me espera un día de esos de no parar de principio a fin. Tengo programados desde un desayuno de prensa a una reunión con mi jefe, una comida de trabajo, hora en la peluquería, sesión de fotos para mi blog, reunión con la ONG en la que colaboro, merienda en el *showroom* con estilistas y un evento de noche organizado por una revista de moda. Me voy a morir, pero tendré que organizarme porque hay que llegar a todo.

Soy consciente de que este es el típico día que toca elegir un estilismo que me sirva para todo el día porque no tendré ni un segundo para pasar por casa a cambiarme ¿Y cómo lo hago? Lo más importante es elegir ropa de color oscuro que sea lisa, porque así será más fácil poder jugar con los complementos y conseguir el efecto de llevar distintos estilismos. Por la mañana, esos complementos deben ser lo más sencillos del mundo, en cambio, por la noche es importante la presencia de accesorios que sofistiquen más el *look*.

Lo perfecto es el uso de un vestido negro de tejido atemporal que siempre debemos tener como fondo de armario. De día combínalo con zapato plano y, cuando se acerque la hora de la fiesta, métele un buen taconazo para sacar tu lado *sexy*.

Otra pieza importante para estos días es el fular que servirá para cubrir la garganta a primera hora de la mañana y por la noche lo podremos usar como chal. Además, como prenda de abrigo, es ideal el *maxiblazer* ya que es muy apropiado para todo tipo de situaciones o, en su lugar, un abrigo ligero corto, que luego puedes reutilizar para la noche añadiéndole un bonito broche.

El bolso que debes usar en este tipo de situaciones tiene que ser grande, para que cuando salgas de casa a trabajar te permita llevar encima los tacones, complementos y maquillaje que vas a necesitar luego para retocarte, y así no tener que regresar a casa hasta la noche. Vamos, que sea tipo el que lleva Mary Poppins.

En cuanto al pelo, durante el día es una buena y natural opción llevarlo suelto. Para la noche, sin embargo, resulta más indicado recogerlo con un moño *home made*.

Intenta

> Usar vaqueros oscuros, ya que son muy fáciles de reinterpretar. Por la mañana puedes usarlos con camiseta y *blazer* y por la noche, con solo añadir zapatos de tacón y un *top* más sofisticado, tienes el tema solucionado.

> Llevar en el bolso complementos importantes que te aporten luz a la cara para estar radiante en el evento que tienes por la noche.

> Incorporar el negro y el azul marino, ya que son los colores más apropiados para reinterpretar la ropa de mil maneras distintas con ayuda de complementos.

> Elegir prendas que no se arruguen demasiado. No olvides que muchas horas sentada en la oficina pueden hacer que presentes un aspecto un poco descuidado.

Evita

> El color blanco, porque es más difícil que encaje para tu estilismo de noche, a no ser que sea un traje muy sofisticado que ya no te serviría para el día.

> Las faldas excesivamente cortas. Son incómodas para el trabajo y poco prácticas para estar en la oficina.

> Ir excesivamente maquillada. La sobriedad siempre será tu mejor aliada.

Bloguera

Hablar de esta situación me resulta facilísimo porque es con la que más identificada me siento.

En la faceta de *blogger* hay que diferenciar dos situaciones claras: el día a día de la vida cotidiana y cuando vas de fiesta a cubrir algún evento.

La mayoría de las veces es la primera situación la que vives, y la forma de vestirte es la más casual del mundo, sin reglas ni normas. Se trata de reflejar tu propia personalidad en tu manera de vestir. Es decir, como a ti más te guste. Eso sí, los días en los que te tiras a la calle a hacer fotos es importante que te pongas una chaqueta con bolsillos donde te quepan las infinitas cosas que tienes que llevar como la cámara de fotos, la libreta donde anotar cosas, el iPhone o la Blackberry, etc. Otra opción es llevar un bolso grande donde te quepan todos esos bártulos.

Una verdadera *blogger* está, desde que se levanta hasta que se acuesta, con el ojo preparado para captar cualquier cosa, ya sea una imagen de algo que le ha llamado la atención, una visión que le inspire, opiniones sobre alguna colección o producto nuevo que le hayan presentado, etc. Es decir, forma parte de su vida ir continuamente con la cámara encima para sacarla en cualquier momento.

Otra de las cosas que suele hacer una *blogger* y que tiene relación con su forma de vestir diaria es compartir con sus lectores los distintos estilismos que utiliza durante la semana vaya donde vaya (oficina, comida con amigas, fiesta, etc.). No se trata de falsear los *looks* a los que se recurren cada día, si no que, de forma natural, cuando sales de casa cada mañana, guardes una instantánea de cómo te vistes para poder inspirar de alguna manera a las personas que te siguen. Hay veces en las que me levanto muy pez y no sé por dónde meter mano al armario y me encanta que haya alguna revista, blog o libro que me inspire.

Como anunciaba antes, la otra faceta de las personas que tienen este *hobby* o profesión es la de cubrir un evento importante y, en esas ocasiones, te ves obligado a vestirte según las indicaciones de quien invita pero, eso sí, siempre con minicámara o teléfono en mano para poder captar cada detalle y, además, poder contar todo al instante vía Twitter.

Es importante que las *bloggers* siempre dediquemos un rato de nuestro tiempo a bucear por otros blogs y así ver qué se cuece, dejar comentarios y aprender de otras compañeras. Para este capítulo, me parecía perfecto exponer las reglas que un día escribió mi amiga Dolores en su propio *blog,* que está de los primeros en mi lista de favoritos (www.formenteraguamarina.com). Me encantó cómo ella detalló a la perfección las reglas que te harían descubrir si eres una verdadera *blogger.* Son estas:

> Tus amigos te dicen que hagas un post sobre algo.

> Son las dos de la mañana y estás escribiendo un *post.*

> Estás pensando sobre nuevas ideas para posts las 24 horas del día.

> Has tenido que aprender a utilizar: HTML, CSS, técnicas de SEO, Blogger, Google Analytics, Wordpress, Typepad, Livewriter, Photoshop...

> También has tenido que aprender a hacer buenas fotografías.

> Eres tu propio asistente, editor, redactor, fotógrafo, manager, agente y *community manager.*

> No puedes ir a todas las presentaciones a las que acuden los periodistas de moda porque tienes que estar en tu trabajo real, o en el colegio o la universidad.

> Sigues más de 60 blogs.

> Recibes más de 150 correos todos los días.

> Tienes cuatro (o más) cuentas de correo electrónico: la personal, la del trabajo, una para el blog, otra que hiciste hace años pero que no recuerdas la contraseña...

> Has alcanzado el límite de almacenamiento de tu cuenta de correo gracias a las notas de prensa de 100MB que envían algunas agencias.

> Es septiembre y te llegan clips de prensa sobre productos para regalos navideños.

> Te sientes culpable cuando no has actualizado en dos días, aunque nadie te obliga.

> Tus amigos no pueden entender que trabajes tanto en algo que te lleva más de dos horas diarias, sin ganar dinero.

> Lees una revista de moda y ya has visto el 99% de las fotos de celebridades y tendencias en otros blogs.

> Sabes los *looks* que han llevado Mary-Kate Olsen, Kate Bosworth o Diane Kruger cada día durante los últimos cuatro años.

> Tus amigos y tu familia te preguntan qué se lleva esta temporada.

> No puedes evitar fijarte en la ropa de los demás y, cuando llevan un buen *look*, sientes la necesidad de fotografiarlo para compartirlo en el blog.

> Sabes lo que hay en las tiendas sin ir de compras.

> No recuerdas lo que solías hacer en tu tiempo libre antes de tener el blog.

> Las vacaciones no existen para ti. Tienes que actualizar el blog aunque estés en el Polo Norte.

> Sin conexión a Internet: apocalipsis.

Si ese par de zapatos negros que tienes en el armario te hacen sonreír, valen más de lo que cuestan.

Holly Golightly
(En su blog Cool & Chic)

Intenta

> No cortarte ni un pelo a la hora de preguntarle a la gente que ves por la calle con un divertido estilismo si puedes hacerle una foto para tu blog. Es importante llevar encima tarjetas de visita con tus datos para que las personas que fotografíes luego puedan verse en tu blog, ya que seguro que les hace mucha ilusión.

> Interpretarte cada día con un estilo distinto teniendo en cuenta las tendencias aunque, eso sí, siempre respetando tu propia esencia. Lo pasarás muy bien.

> En estos casos, atrévete a mezclar tejidos, colores y estampados porque te quedará un *look* más divertido.

> Utilizar sombreros, gafas, pañuelos y todos los complementos que quieras.

Evita

> Vestir con un estilo formal y aburrido. Crea tendencia, innova, mezcla y, sobre todo, pásalo genial.

> Imitar al pie de la letra a alguien. Inspírate a través de distintas fuentes pero, sobre todo, sé tú misma y ten tu propia personalidad.

Aún recuerdo la primera vez que fui a un *casting*. Yo tenía 17 años. Entré por la puerta, me temblaban las piernas y a la primera persona con la que me encontré de bruces fue a Martina Klein, monísima y encantadora, que no paró de animarme para que no tuviera ningún tipo de nervios y me dio algunos trucos que retuve en mi mente para siempre.

Aunque mucha gente piense lo contrario, nunca he trabajado como modelo profesional porque siempre me ha gustado más la faceta de comunicadora de moda. Eso sí, cuando acabé COU, tuve mi pequeña experiencia como modelo. Aprovechando el verano, me fui a hacer *castings* a Madrid y Barcelona por si me salía algún trabajillo que me permitiera ganar mi primer sueldo, y así fue. De ahí surgió alguna cosa, trabajé como maniquí para Victorio & Lucchino y desfilé en Cibeles, pero una vez que empecé mi carrera de Ciencias del Medio Ambiente, di carpetazo a esa etapa y nunca más volví a hacer un *casting*.

Lo que siempre me pareció más importante a la hora de vestir para ir de *casting* es llevar un estilo muy *cool*. Ya sabéis que las modelos, en general, son muy estilosas y sirven de fuente de inspiración para mucha gente. De hecho, solo tenéis que ojear las revistas de moda cuando hacen fotos a las *tops* saliendo de sus desfiles de París, Londres o Nueva York. Es impresionante el arte que tienen para vestirse, proyectando una imagen de lo más natural. En muchas ocasiones se adelantan a las tendencias, y de ellas sacan mucha información los cazatendencias o *coolhunters*. Ya que los nombramos, aprovecho para contar que, cuando estuve haciendo un curso sobre esta materia en la prestigiosa escuela St. Martins (Londres), tuve que presentar un proyecto de fin de curso que consistía en detectar una futura tendencia. Para ello, hice una investigación saliendo a la calle a hacer fotos a personas que consideraba que tenían un estilo a imitar, y muchas eran modelos. Ellas mezclaban la ropa de una manera peculiar y de esa experiencia pude sacar miles de ideas.

Volviendo a cómo deberías vestirte para que te fichen para un trabajo de moda, lo ideal es que vayas sencilla y lo más natural posible pero con un toque moderno y actual. A mí me encantaba ir de negro porque es un color que estiliza muchísimo. También es importante llevar zapato plano porque ir de *casting* en *casting*, que por lo general están unos lejos de otros, te acaba destrozando los pies. Así que busca para esta ocasión en tu armario los zapatos más estilosos que tengas, pero que sean cómodos. O, lo que puedes hacer también, es llevar unas tenis puestas y, en el bolso, los zapatos que te apetezca lucir en ese momento.

El maquillaje para este día intenta que sea extremadamente limpio y natural, que tape ojeras e imperfecciones y que aporte luz a tu piel. Se trata de presentarte como realmente eres y es por eso por lo que ir con maquillaje estilo cara lavada es lo mejor que puedes hacer. El pelo debes llevarlo limpio y bien peinado, a ser posible recogido con una coleta o un moño informal que haga que la cara esté totalmente despejada.

Intenta

> Ir con complementos que llamen poco la atención.
> Utilizar unas estilosas gafas de sol.
> No olvidar tu amuleto de la suerte.
> Llevar una botella de agua y música para hacer el recorrido de *castings*.
> La noche anterior a ir de *castings*, acostarte temprano para tener buena cara.

Evita

> La exageración en la forma de vestir, ni demasiado corta ni con mucho escote. Pero, eso sí, ve estilosa.
> Usar zapato de tacón de aguja porque está fuera de lugar y, en vez de causar buena impresión, conseguirás el efecto contrario.
> Llevar las uñas –tanto de los pies como de las manos– con desconchones que den la sensación que no te las cuidas desde hace tiempo.
> Olvidar llevar encima tu *book* y *composit*. Por tanto, intenta usar un bolso grande ya que será más cómodo para ti.

¡Me voy de casting!

Con los amigos

" *El estilo y la elegancia no se pueden comprar. Ni siquiera los diseñadores son los que lo aportan, fíjese lo que le digo, sino las cualidades del corazón, la fuerza del carácter, la personalidad individual marcada por la diferencia, la clase, la forma de moverse, su actitud, tanto moral como física.*

Christian Lacroix

El brunch con amigos

Quedar con amigos es de los planes que más le pueden apetecer a alguien. Es el momento en el que uno está totalmente en su salsa, puede desconectar de todo y, por tanto, es la perfecta ocasión para ser uno mismo, sin normas ni nada por el estilo.

En mi caso, como mejor me siento es con un estilo desenfadado tirando a *grunge*. Suelo usar pantalones *oversize,* camisetas, camisas abiertas, jerseys de cachemir y, por otro lado, me gusta darle el toque militar añadiendo al estilismo mi querida parka que compré hace mil años y de la cual no me deshago ni por casualidad. Resulta comodísima. Es la pieza fetiche de mi fondo de armario y la guardo con verdadero cariño.

Este es el estilo con el que yo me siento más identificada y que, además, refleja con más exactitud el espíritu de la niña que llevo dentro, más aún si el peinado que elijo es una juvenil trenza.

Si en vez de tomar el *brunch,* que es un plan de día, quedo con amigas para salir a cenar y luego romper la noche bailando, suelo arreglarme un poco más e intento sacar mi lado *sexy*. Para ello, me decanto por pantalones *strech* tobilleros combinados con sandalias altas (estilo abotinado), una camiseta con algún dibujo divertido y un elegante *blazer* largo o chupa de cuero.

Quedar con tus amigos es una oportunidad de estar cómodo, en confianza y vestirte como más te apetezca. Todo depende también de donde hayas quedado, y que el lugar en cuestión obligue o no a llevar un *dresscode* determinado pero, en general, hay una frase que lo resume a la perfección: «sed vosotros mismos».

Intenta

> Ponerte alguna pieza de ropa que no estés usando porque te sientas insegura al respecto ya que de esa manera la pondrás a prueba. Nuestras amigas nos pueden sacar de la cabeza la idea de ponérnoslas sin necesidad de meter la pata cuando nos encontremos en un entorno menos seguro.

Evita

> Caer en la dejadez a la hora de vestirte. El hecho de que haya confianza entre amigos no debe eliminar el componente de ilusión, sino más bien al contrario.

Cena de verano

Intenta

> Probar con cuñas de esparto si te apetece ir con tacón porque aportan un punto más veraniego.

> Atreverte a salir por la noche con sandalias planas. Es muy *chic*.

> Llevar siempre un jersey o chal porque, estés donde estés, suele refrescar.

> Sacar tus complementos del armario. En verano es divertido cargarte de pulseras y collares.

Evita

> Mantener el estilo de la ciudad. Deja de lado los bolsos grandes de piel. Tiende a llevar bandoleras pequeñitas o bolsos de rafia como los de Kaminski.

> Ir a la peluquería para ir a una cena. Déjate el pelo natural, ya que en verano se pone ideal con la humedad. Eso sí, ten cerca siempre el bote de proteínas para llevártelo a la playa porque tu pelo lo agradecerá.

> Llevar el biquini debajo del traje que te pongas porque, aunque sea verano y casi todo valga, no es adecuado para la noche. Es preferible usar *bodys*.

Cuando toca el momento de irse de vacaciones de verano y de hacer la maleta, siempre tenemos que tener previsto alguna que otra cena que pueda surgir.

Teniendo en cuenta el destino al que te dirijas, habrá que vestir de una manera o de otra para salir a cenar. Dentro de España, en Marbella por ejemplo, se suele ir más arreglada de lo habitual. Es fácil ver tejidos con brillos y la mayoría de las señoras sacan del joyero sus mejores alhajas para lucirlas, sobre todo, las de oro amarillo. Personalmente no comulgo con este estilo porque me parece demasiado recargado. En verano prefiero el desenfadado *look hippie chic* ibicenco en la línea del que lleva Elle MacPherson cuando le toca estar en la isla española. Se trata de recurrir a vestidos largos maravillosos y vaporosos combinados con sandalias planas. El pelo queda ideal suelto con el rizo natural que deja el agua del mar. También es muy atractivo llevar multitud de pulseras y complementos con toque *hippie*. En particular, Ibiza es de los destinos españoles que te permiten vestir como quieras por la noche. Puedes salir hasta en *shorts* vaqueros con camiseta, siempre y cuando no vayas a una casa en la que hayan organizado algo y se requiera un *dresscode* determinado.

Por otro lado, si te encuentras en Palma de Mallorca, también en las Islas Baleares, y tienes este plan de cenar, ten en cuenta que allí debes arreglarte un poco más por la noche, pero hasta un límite. Digo esto porque las señoras suelen ir elegantes y discretas, sin intención de llamar la atención como ocurre en el caso de Marbella. En las islas es típico también organizar la llamada «fiesta en blanco» donde el estilismo total tiene que ser de este color que personalmente me encanta.

En Sotogrande, que es una urbanización del sur de España, aunque a la gente le gusta ponerse guapa para salir por la noche, se tiende a utilizar el típico trajecito corto veraniego o sencillamente unos *jeans* de colores con algún *top* mono sin ir mucho más allá. La costumbre es no comerse mucho la cabeza al respecto. Es un lugar donde también es preferible un estilismo sobrio y sin brillos.

Eso sí, estés donde estés lo que siempre es atractivo es lucir tu moreno dorado de playa. No debemos confundir un tono atractivo de piel con ese otro, tan típico que nos deja la cara marrón y llena de arrugas, cosa que queda horrorosa y envejece muchísimo. Así que debes tener mucho cuidado al tomar el sol y embadurnarte bien de crema protectora.

Lo que te da muchas pistas sobre cómo se deberá ir vestida a una cena de verano es si a los señores les obligan o no a llevar chaqueta. La diferencia es que, si tienen que llevarla, te olvidas de todos los estilismos con vaqueros normales o de colores.

Concierto

La inspiración perfecta para escribir acerca de este *look* me vino unos días después de estar en el concierto que el grupo Black Eyed Peas celebró en Madrid.

Desde siempre me ha gustado ver a los grupos en vivo. Una de las pocas ventajas que ha tenido todo el problema de la piratería es que ha obligado a los músicos a desarrollar mucho más el contacto directo con el público. Es notable la cantidad de gente cada vez más joven que asiste a este tipo de multitudinarios acontecimientos y por eso se han convertido en lugares perfectos para fichar lo que llevan las nuevas generaciones.

Aunque a mí me pilló un poco pequeña, recuerdo la época en la que el grupo Mecano estaba de máxima actualidad y los adolescentes no parábamos de tararear las canciones donde quiera que estuviéramos. Los estilismos de Ana Torroja servían de inspiración a millones de chicas al igual que sucedía con Madonna. Hoy la que prima es Lady Gaga y, aunque personalmente no comparta sus gustos, de una u otra forma hay que reconocer que ha creado un estilo propio que marca tendencia. Eso sí, yo prefiero no ver a nadie por la calle con un vestido hecho a base de carne cruda como el que ella se puso en uno de los múltiples eventos musicales a los que ha asistido.

Centrándome en mis gustos, la mayoría de las veces suelo incluir en este tipo de estilismos una prenda de cuero negro, ya sean pantalones, *shorts,* falda o chupa (ya que por la noche siempre suele refrescar). Este es el momento perfecto también para usar la típica camiseta de algodón con alguna impresión o dibujo que te guste y además complementos con tachuelas plateadas, ya que dan un punto de lo más rockero. Es un rollo parecido al de Kate Moss en sus momentos más rebeldes o al estilo de Olivia Newton-John en la escena final de la película *Grease*.

Hay personas a las que les puede parecer demasiado obvio ir a un concierto de rock con este tipo de estilismo y prefieren ir a la contra. No pasa nada, cada cual es libre de hacer lo que quiera pero lo único que aconsejo es que siempre vayas con un estilo informal a este tipo de sitios y evites ir vestida como si fueras a una boda. No hay nada peor que sentirte fuera de lugar porque la elección de tu forma de vestir no haya sido la adecuada.

Recuerdo cuando recién llegada a Madrid, con apenas 19 años, me empezaron a invitar a ir a ciertos eventos. Llegaba a la capital un grupo muy importante, era un plan que íbamos a hacer con unos amigos con los cuales no tenía mucha confianza y por eso no me atreví ni a preguntar cómo había que ir vestida. Pensando en el término «zona vip» deduje que la gente iba a ir arreglada, y yo, ni corta ni perezosa, elegí un vestido corto que combiné con taconazos muy sofisticados. Cuál fue mi sorpresa al ver que todo el mundo iba en vaqueros con un estilismo muy informal. Me sentí tan mal que quise irme al minuto uno aunque hoy, a mis 31 años, me vuelve a suceder y me río de la situación. Lo que ocurre es que cuando eres joven te sientes insegura, sobre todo si la gente te dice cosas para burlarse de ti. La verdad es que en ese momento no me sentó nada bien.

Continuando con el estilismo *pop*, aprovéchalo para sacar tu punto de «malota *sexy*» que en otra situación no sería adecuado y en esta está aceptado pero... cuidado con pasarte de la raya.

Intenta

> Llevar *overbooking* de pulseras y collares de plata de distintas formas. En este terreno la sobriedad total es aburrida.

> Utilizar *tops* tipo corpiño para combinar con pantalones o falda, ya que son de lo más *sexys*.

> Llevar algún estampado animal, ya sea en la ropa, bolso o zapatos.

> Customizar tus vaqueros con parches y agujeros.

> Maquillarte de una forma un poco más sofisticada de lo normal, sin olvidarte nunca de la máscara de pestañas. Para tu peinado, decántate por el flequillo, el pelo rizado o una coleta de caballo... ¡Todo está permitido!

Evita

> El estilo niña pija.

> Llevar ropa que no permita moverse fácilmente para bailar (incluidos los zapatos).

> Mascar chicle de forma ordinaria por mucho que nuestro *look* esté más que acorde con ello.

> Provocar conversaciones largas con tu acompañante porque no te enterarás de nada. Céntrate, sobre todo, en mover el esqueleto.

> Elegir bolsos incómodos porque te acabarán fastidiando toda la noche. Lo mejor es una pequeña bandolera.

Camiseta y jeans

De todos los estilismos del mundo, os podría decir que posiblemente este es con el que yo me siento más identificada y el que refleja a la perfección mi personalidad. Supongo que porque para mí tiene una fuerte connotación que me recuerda mucho a mi época universitaria. Con vaqueros y camiseta siempre pareceremos más jóvenes de lo que realmente somos. Nos ayudan a sacar la niña inocente que llevamos dentro. A la mayoría de los chicos es como más les gusta vernos. Les parece un atuendo de lo más natural, y de los que más resalta nuestra belleza innata.

Este tipo de *look* lo podrás llevar en multitud de situaciones informales. Por ejemplo, para pasar un domingo entre amigos, ir a pasear al parque o ir una tarde al cine con tu pareja.

Es el momento perfecto para sacar del armario los miles de vaqueros que tienes (pitillos, tipo *boyfriend,* con parches, con tachuelas, etc.) y combinarlos con distintas camisetas divertidas.

Además, este estilismo te puede servir tanto para el día como para la noche, según con qué los acompañes. Para el día son perfectos los vaqueros claros, las converse u otro tipo de zapato deportivo, calcetines de colores, miles de pulseras, una sudadera informal –tipo beisbolera–, peinado con coleta de caballo, etc. Y, para la noche, los vaqueros más oscuros de tipo pitillo, chupa de cuero, tachuelas, taconazo, pendientes grandes, un maquillaje un poco más sofisticado, etc.

Ir en vaqueros y camiseta es una manera de vestir que me encanta porque además es asequible a todo el mundo, tengas el poder adquisitivo que tengas, a no ser que lo que te importe sea enseñar marca, cosa de la que yo siempre huyo.

Este *look* se ajusta también a todos los estilos. Lo llevan desde las señoras más clásicas, hasta las más modernas, pasando por las que tienen un estilo más *hippie* o *grunge.* Es un atuendo al que resulta facilísimo adaptar cuantas tendencias te apetezcan, siempre y cuando se ajusten a tu personalidad.

Invertir en comprar vaqueros y camisetas es muy buena opción. Son piezas que jamás pasarán de moda, que podremos conservar como fondo de armario y de las que sacaremos muchísimo partido.

Hablando de camisetas, uno de mis sueños era diseñar una y este año lo he podido ver cumplido, en colaboración con la reconocida firma, The Hip Tee. El diseño de la camiseta está inspirado en el espíritu de mi blog que siempre rebosa de mariquitas y energéticas exclamaciones. Es una prenda que puedes combinar con vaqueros de distintos colores y, además, con pantalones de cuero, falda tubo, etc. según el aire de estilismo que quieras llevar.

Intenta

> Aprovechar este momento para sofisticarte lo menos posible y sacar tu lado más natural.

Evita

> Confundir el hecho de vestir de *sport* con ir como una pordiosera. Ir en vaqueros no significa que no tengas que ir con un aspecto cuidado.

Para estar en forma

"Encuentro muy interesante producir marcas de moda que son accesibles para todo el mundo. Muchísimas mujeres compran en tiendas como Zara, Mango y H&M, hay ropa estupenda y estoy realmente a favor.

Elie Saab

¡Me siento gorda!

Si estás en la típica semana que has ganado un kilo de más o estás hinchada porque el mes está a punto de caer, tienes que estar preparada y tener en tu fondo de armario alguna pieza más amplia de lo normal.

Lo perfecto para estos días son las faldas largas *hippies* amplias y con corte a la cadera, los blusones largos y holgados para poner por encima de los pantalones o *leggins,* jerseys amplios o los vestidos trapezoidales porque son las prendas que más disimulan las imperfecciones. Evita los tacones y decántate por un zapato más cómodo porque es más saludable para las piernas que están más hinchadas de lo normal.

Me acuerdo cuando iba a casa de mi amiga Carla y me enseñaba su armario que estaba perfectamente organizado y con la zona de prendas «para cuando estoy hinchada» muy bien diferenciada. Te aporta mucha tranquilidad saber que estás preparada para vestirte en esos casos y, por ello, son piezas que tienes que mantener siempre y no regalarlas cuando toque el momento de la limpieza de armario, que es cuando se suele arrasar con todo.
Que todas pasemos por estos momentos en los que nos encontramos menos favorecidas no significa que te confíes y te pongas a comer como una lima, consiguiendo llegar al extremo de ser un caso perdido y tener que aumentar una talla toda la ropa del armario, porque eso sería letal.

Un consejo para estos momentos es que trates de llevar el pelo lo más arreglado posible y ponerte un poco de colorete que te dé vida porque cuando te mires al espejo te sentirás mucho mejor, con más autoestima y más segura de ti misma.

Intenta

> Darte masajes drenantes, que te ayuden a desinflarte.

> Hacer más ejercicio de lo normal. Si puedes, 45 minutos al día.

> Controlar la dieta evitando fritos, pan, dulces y bebidas carbonatadas. Beber agua sin parar.

> Tener fuerza de voluntad. Como premio, piensa en renovar el armario cuando vuelvas a tu talla habitual.

> Usar fulares largos porque suelen servir para disimular la tripa.

Evita

> Usar ropa demasiado ajustada.

> Escotes tipo imperio porque sacarán a relucir más aún tus kilos de más.

> Ir de compras cuando te sientas hinchada porque te desanimará mucho.

> Perder la ilusión y olvídate definitivamente de los alimentos muy calóricos.

> Hacer limpieza de armario en estos casos. Ponte como meta, en un plazo corto, caber en tu ropa de siempre y no tener que desecharla.

> Usar colores claros porque suelen hacer más gorda. Así que trata de emplear tonalidades oscuras y utiliza complementos de colores que aporten luz a tu *look*.

A esquiar

Empieza el invierno y con él esas agradables escapaditas ocasionales a la montaña para hacer unas cuantas bajadas esquiando, que es de los mayores placeres que existen, aunque haya gente que no comparta la misma opinión.

Yo, como sabéis, soy sevillana y, aunque he tenido a la vuelta de la esquina Sierra Nevada, no cogí la afición desde pequeña. En mi caso empecé con otro deporte que era el golf. Hasta los 21 años no se me despertó el gusanillo por el mundo del esquí.

Personalmente me encantan los estilismos de montaña porque son de lo más naturales y, como yo diría, «mulliditos». Empiezo por las situaciones de *après ski* en las que suelo usar pantalones calentitos de pana fina, jerséis gordos de lana, estilosos gorros y botas de pelo tipo las UGG, que son el mejor invento del mundo. Cuando las usas te olvidas para siempre del efecto «pies fríos» que es algo insoportable. A mí, incluso, me gusta usarlas sin calcetines.

Una de las cosas que más me gusta de la montaña es que, si quedas a cenar por la noche, no hace falta que te sofistiques en absoluto.

Con usar un *look sport* en colores oscuros y aderezarlo con preciosos complementos, vas más que servida. Me encanta llevar trajecitos de lana cortos combinados con mis botas de pelo que le dan un toque de lo más *cool.*

Como pieza de abrigo, es importante llevar algo que, además de calentar mucho, aguante la humedad de la nieve. Este es el caso del plumífero o del mismo chaquetón que uses para esquiar. Por lo que respecta a los plumíferos, tiendo a usarlos cortos, porque los largos, que son pieza básica en el armario de una neoyorquina para soportar allí el frío invierno, encuentro que producen un efecto demasiado voluminoso. Prefiero sustituirlos, incluso, por un par de medias debajo de lo que lleve puesto, cosa que calienta casi igual.

El efecto cebolla es importante en estos casos. En el interior de los sitios suelen poner la calefacción altísima y, si debajo de tu jersey de cuello vuelto no llevas una camiseta de manga corta, puedes llegar a asfixiarte. Recuerdo que una vez estuve a punto de caerme redonda antes de una cena formal que tenía en Jockey, un conocido restaurante de Madrid, con gente de poca confianza. Pude soportar ese duro trance gracias a que no paré de pedir coca-colas al camarero, con gran asombro de mis compañeros de mesa que no sabían lo que me estaba ocurriendo. Eso sí, aprendí la lección.

Si nos metemos en el estilo que hay que lucir en las pistas, aquí hay gustos para todos. La ropa buena para esquiar suele ser carísima y, si os digo la verdad, yo para practicar este deporte una o dos veces al año, dejarme una pasta tampoco es lo que más ilusión me hace. Puede compensar si subes a las pistas de manera regular, pero yo prefiero invertir en un bolso bueno que pueda usar casi a diario. Por eso, para ahorrar un poco en presupuesto, soy especialmente fan de tener en el armario unos pantalones lisos de color negro –en particular de la firma Spider por su gran calidad– porque son muy fáciles de combinar y los reciclo cada temporada para conjuntarlos con abrigos de diferentes colores. Eso sí, cuando veo a chicas estilosísimas con sus preciosos conjuntos de pantalón y chaqueta a juego de unos colores lisos ideales –en estos casos el estampado para este tipo de ropa no me parece lo más acertado–, me quedo admirándolas un rato largo. Sobre todo, cuando su total *look* es blanco virginal porque me chifla. Por otro lado, el negro combinado con colores flúor también me entusiasma para estas situaciones.

En lugar de ponerte varias capas de jerséis, es preferible llevar una camiseta térmica debajo y con eso suele ser suficiente. Una vez que empiezas a esquiar, comienzas a sudar sin parar, y no hay nada más incómodo que, en mitad de las pistas, te empiece a sobrar la ropa porque no sabrás donde meterla. Para el cuello suelo utilizar un bonito pañuelo de algodón o una «braga» de cuello de algún tejido calentito y estiloso. Precisamente tengo una de estampado animal que, combinada con la ropa de color liso, suele dar un efecto muy *cool*.

En cuanto a las gafas, los días de sol opto por unas de cristal plateado o de color azul eléctrico porque me encanta su efecto. Los días de ventisca uso una enorme de esas que nos hacen parecer auténticas moscas voladoras.

Los guantes, lógicamente, tienen que estar preparados para la nieve, y no deben acabar calando. Recuerdo que la primera vez que fui a la nieve cometí la tontería de llevarme a esquiar unos de forro polar y acabé con las manos moradas del frío que pasé. Me sentí estúpida.

Intenta

> Elegir ropa para esquiar que garantice una óptima protección contra el frío, la lluvia y el viento. Cuando esquíes, utiliza piezas que sean resistentes a la abrasión, transpiren bien y tengan un alto poder aislante.

> Protegerte con una crema de protección alta porque en la montaña el sol es fortísimo.

> No llevar mochila ni nada porque estarás mucho más cómoda. Haz uso de los múltiples bolsillos de tu chaqueta.

> Que te den algunos rayos sin las gafas puestas cuando pares a descansar en un día de pleno sol. Cuando hagas eso que sea, por supuesto, con los ojos cerrados y mucha protección encima. Así evitarás la espantosa marca de las gafas.

> Llevar unos *leggings* debajo de los pantalones de esquí si hace un día de mucho frío.

Evita

> Llevar zapatos con suela de plástico. Te resbalarás y te los acabarás cargando.

> Las bailarinas porque te morirás de frío.

> Esquiar sin casco.

> Comprarte botas de esquí si no practicas habitualmente este deporte porque la solución de alquilar resulta comodísima y más económica.

> Salir a esquiar sin móvil porque nunca sabes lo que te puede pasar y si en un momento dado puedes necesitar ayuda.

En el gimnasio

Como dice mi amigo el entrenador personal Fernando Sartorius es aconsejable dedicar unos 45 minutos al día a hacer ejercicio físico por mucho que nos cueste.

Ya sé que a la mayoría de la gente el proceso de pensarlo le da más pereza que cualquier otra cosa, pero si actúas poniéndote la ropa de forma impulsiva y sin pensarlo, cuando llegue el momento te resultará más fácil ponerte en marcha. Lo ideal es que quedes siempre con la misma persona para ir a correr o ir al gimnasio porque os ayudaréis mutuamente a no alejaros de esta saludable rutina.

Si eres de las que no soporta entrar en un gimnasio o ponerte a correr, te recomiendo que te apuntes a clases de baile porque, además de pasártelo fenomenal, es otra forma ideal de hacer ejercicio. Otra buena opción es montar en bicicleta al aire libre. Hacer deporte disfrutando del paisaje es de las cosas más apetecibles del mundo.

Personalmente, la sensación que tengo después de haber entrenado es de verdad mágica. Me siento fuerte, con energía, más segura de mí misma e, incluso, me veo más favorecida. Es una medicina natural muy recomendable que genera cosas muy positivas.

Con respecto a mi forma de vestir para ir al gimnasio siempre suelo ir, no sé porqué, con un *look* completamente negro porque es el que más estiliza. Puede ser una manía personal pero así es. De vez en cuando, suelo añadir algún toque flúor a las zapatillas para darle un punto divertido. A veces, innovo con camisetas blancas o de color para que no resulte tan aburrido.

Las zapatillas es importante que sean de calidad y muy armadas para evitar que se tuerzan los tobillos. Según el tipo de ejercicio que hagas –aeróbico, baile o simplemente máquinas– tendrás que utilizar un modelo u otro.

El pelo es importante llevarlo recogido con coleta o trenza y, si te apetece, es el momento de ponerte la gorra de los New York Yankees que tienes guardada en el armario.

Los únicos complementos que se admiten para este momento son un reloj –a ser posible de goma para que no se empape de sudor– y también un reproductor de música para escuchar algo mientras mueves el esqueleto. Esto hará que los minutos pasen más deprisa y que, en menos que canta un gallo, los 45 minutos hayan volado. Por cierto, si usas iPod no le pongas el volumen demasiado alto por mucho que te emocione la música que escuchas, porque tu oído sufrirá más de lo que crees.

Intenta

> Hacer deporte antes de ir a la oficina porque te dará energía para todo el día.

> Llevar un pulsímetro para no pegarte un susto mientras haces gimnasia.

> Tener cerca una botella de agua mineral bien grande.

> Usar una toalla y dejar bien limpias las máquinas para el que venga detrás.

> Contratar el primer día a un *personal trainer* que te elabore una buena tabla de ejercicios que luego podrás seguir a tu aire.

Evita

> Llevar el pelo suelto y/o maquillaje en la cara.

> Ir al gimnasio a ligar porque te descentrará de tu objetivo de hacer ejercicio.

> Ponerte morada de comida antes de ir al gimnasio.

> Hacer deporte con mucho calor porque puedes acabar desmayándote.

> Utilizar zapatos de deporte sin calcetines.

Juego a este deporte desde que tenía 7 años y, aunque es considerado un deporte pijo, no me importa en absoluto reconocer lo orgullosa que estoy de haber podido aprender a coger un palo y hacer un *swing* desde pequeña. Lo encuentro un plan divertidísimo.

Para mí es importante hacer algún comentario acerca de este *look* porque no soporto cuando, al ver los partidos de golf importantes, compruebo lo mal que suelen vestir los profesionales. Parece que su única intención sea mostrar el logo de la marca que les patrocina. El golf es un deporte clásico y, como tal, la ropa que me gusta utilizar cuando juego es también bastante tradicional. No soy nada fan de los tejidos finos, ni brillantes, ni con caída.

Para mí, la manera de ir perfecta a dar bolas o salir a jugar a un campo de golf es con los pantalones largos tipo chinos o vaqueros de diferentes colores –excepto los del tejido original vaquero azul, ya que suelen estar prohibidos–. La tela de los pantalones me gusta que sea dura. Como he comentado antes, los pantalones de pinzas con caída no me gustan para estas situaciones.

La parte de arriba, como norma general, debe llevar cuello y, debido a ello, la mejor opción son los polos, ya sean de manga larga o corta teniendo en cuenta el clima. Estos polos también se pueden encontrar en bonitas tonalidades que combinen bien con la del pantalón. En estos casos aprovecho para idear diferentes mezclas bicolores de las distintas prendas. Mi preferida: el beis o gris con blanco.

Si hace un frío llevadero, lo mejor es llevar en la bolsa un jersey de pico amplio de cachemir porque es lo más cómodo, agradable y elegante. Si llueve es imprescindible, además de un gorro y paraguas, un impermeable, que puede ir incluso con forro polar interior adherido para protegerte de las bajas temperaturas. A mí jugar con frío no me gusta nada y prefiero no hacerlo, pero quien verdaderamente sea un apasionado de este deporte debe buscar soluciones para mantener su cuerpo a una adecuada temperatura que le permita jugar con tranquilidad y sin tiritona. Por eso, en estos casos, no es mala idea llevar camisetas interiores térmicas y antitranspirantes. Eso sí, está prohibidísimo llevar dichas camisetas interiores de manga larga, que suelen ser blancas, con un polo de manga corta encima porque el resultado es terrible. Por el contrario, si hace demasiado calor, está permitido el uso de bermudas a media pierna, no *microshorts* con los que podrías poner nervioso a más de uno.

Los zapatos son otra cuestión que me pone un poco nerviosa. Los modelos modernos que han salido al mercado tienen un diseño demasiado deportivo y no son santo de mi devoción. Siguiendo con el clasicismo, me encantan los de toda la vida: sencillos y sin ningún tipo de elemento decorativo y, cuanto más usados estén, mejor. A lo sumo, elijo los de combinaciones bicolores, pero nada más. Mi marca preferida es Footjoy, en concreto la línea MyJoys, en la que tú misma puedes diseñar tus zapatos a tu gusto. Los podréis encontrar en la web http://www.footjoy.com/myjoys/.

Aparte de los MyJoys, un detalle que me encanta es combinar mis zapatos con divertidos calcetines de rayas, rombos o de colores.

> *La moda no es solo divertimiento, un juego, sino una presencia de civilización y, por tanto, una parte del arte.*
>
> **Pierre Cardin**

Intenta

- Organizar partidos con cuatro amigos porque es una forma sana y divertida de pasar el tiempo.
- Llevar un gorro porque así evitarás tener los pelos en la cara continuamente.
- Usar guante de golf en la mano izquierda para evitar que te salgan dolorosas ampollas en la mano.
- Ponerte crema de protección solar para evitar quemaduras.
- Comprar un polo o prenda de golf en los campos en los que vayas a jugar porque siempre es un buen recuerdo.

Evita

- Utilizar zapatillas de deporte en vez de golf.
- Usar los zapatos de golf sin calcetines.
- Hablar por teléfono mientras juegas porque está totalmente prohibido.
- Llevar demasiados complementos (pulseras, anillos, etc.) porque son incómodos para jugar. Además, el bolso hay que dejarlo en el coche porque se convierte en otra carga más.
- Maquillarte como si fueras a una fiesta porque no es el momento.
- En invierno, no lleves bufanda porque acaba siendo un incordio. Para proteger el cuello lo mejor son los jerséis de cuello alto o la braga de forro polar para el cuello (por cierto, ¡¡¡me espanta esa palabra!!!).

En el spa

Si tienes la suerte de que te vas a pasar el fin de semana a un maravilloso balneario para mimarte un poco, ten en cuenta que vas a tardar bastante poco en hacer la maleta, porque para este tipo de establecimientos no se requieren demasiadas cosas. Lo más importante son tu cuerpo y tu mente para poder cuidarlos.

En este tipo de lugares se suele pasar todo el día con el albornoz puesto. Por regla general, te lo suelen dejar allí por lo que evitas cargar con él desde tu casa. Es preferible llevar un traje de baño entero antes que un biquini porque es mucho más conveniente para hacer los distintos recorridos de chorros, sauna, baño turco, etc. Además, no tienes que preocuparte por si te quedan marcas de sol o no porque estarás la mayor parte del tiempo en un sitio cerrado. Por otro lado, unas chanclas que se puedan mojar serán tus compañeras inseparables durante este momento relajante. Es el calzado más práctico que se puede utilizar en este tipo de casos. A mí me encantan las de estilo surfero o hawaianas. Evita las de felpa, que suelen dejar de regalo en la habitación, porque quedan espantosas por muy cómodas que sean, que además no lo son. Aprovecha la ocasión para llevar el pelo de la forma más natural posible. Un recogido informal es siempre lo más higiénico. Además, lo ideal es llevar la cara lavada y dejar tu piel libre de todo tipo de maquillajes y demás productos que suelas utilizar. Aunque el plan sea estar todo el día dándote masajes, nunca está de más llevarte ropa para el plan de las tardes/noches. Es el momento de sacar del armario tus piezas más holgadas para permitir que tu cuerpo descanse en todos los sentidos. Por ejemplo, sería ideal un pantalón ancho con camisola amplia a juego.

Idealmente, estos conjuntos me encantan cuando son de lino 100%, a ser posible en tonos crudos o claros. También soy fan de los *oversize* «made in India» muy coloridos y con preciosos bordados. Para estos momentos, no te preocupes demasiado si el pelo lo llevas poco arreglado porque se permite. Eso sí, te aconsejo siempre llevarlo peinado para atrás y con una coleta de caballo, que es la solución más fácil cuando no sepas manejarlo.

Intenta

> Llevar un traje de baño de repuesto.

> Ducharte siempre con las chanclas puestas.

> Embadurnarte con aceites esenciales y poner vaselina en tus labios para hidratarlos.

> Llevar un libro porque leer es el complemento perfecto para este plan.

> Aprovechar para hacer deporte, meditar o no pensar en nada para descansar tu mente y poder purificar tu alma en general.

Evita

> Los complementos. Esta vez, deja todos los pendientes, collares y pulseras en casa.

> El zapato cerrado, a no ser que sea de plástico.

> El maquillaje de cualquier tipo.

> Llevar el bolso o mochila permanentemente encima. Deja todo en la taquilla, no te hará falta nada.

> Ver la televisión. Aprovecha la ocasión para desconectar del mundo.

Como el tiempo...

> Los errores más repetidos a la hora de vestir son no preocuparse demasiado por ello. No conocerse a uno mismo. A veces se quiere vestir de una manera demasiado juvenil o dar aspecto de aventurero. Ambas cosas pueden ser inadecuadas.

Paul Smith

¡Qué calor!

Hace un calor de muerte y me siento totalmente aplatanada. Es una sensación que no puedo soportar, ya que me roba la energía de un golpe y no puedo tirar de mi cuerpo.

En estas ocasiones, cuanto más ligerita vayas mejor, pero sin pasarte claro. Para saber cómo te debes vestir de manera apropiada para soportar el calor, tienes que tener en cuenta si te encuentras en la ciudad o no. Hay prendas que son muy apropiadas para lucirlas en un sitio de playa pero que en la ciudad chocan demasiado, como es el caso de los *microshorts,* caftanes y piezas de tejido algo transparentoso que se suelen usar con un biquini debajo.

En la ciudad, sobre todo si tienes que ir a la oficina, es más pesado vestir de manera apropiada con un tiempo caluroso, porque lo que más apetece del mundo es ponerte pantalón corto y chanclas. En este contexto, está claro que no podemos recurrir a esa cómoda solución y opto por vestidos cortos tipo camiseros combinados con bonitos cinturones para marcar las líneas del cuerpo, ya que de lo contrario podría dar sensación de estar embarazada. También recurro a los pantalones de tejidos finos que suelo remangar para que terminen en una vuelta, porque me encanta como quedan y los mezclo con una camisa o camiseta de color liso. Otra opción fresquita es la minifalda, siempre y cuando tengas las piernas cuidadas. Además, es muy importante que la combines con zapato plano para que no des una sensación inadecuada.

Una pieza que debes evitar es el vaquero –salvo que lo lleves holgado tipo

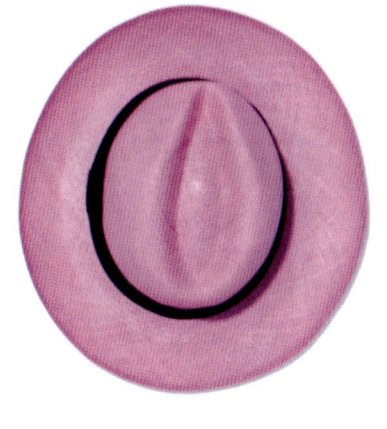

boyfriend– porque correrías el peligro de asarte, ya que el tejido es sofocante, a no ser que sea de los ligerísimos. No hay cosa que soporte menos que ponerme pantalones ajustados en pleno verano porque además de la sensación de bochorno, te dan la impresión de haber engordado ya que ponértelos suele costar el triple.

En cuanto a los colores, tiende a ponerte los claros y evita los oscuros porque son los que retienen más el calor aunque, eso sí, debes tener en cuenta que el blanco siempre engorda y el negro adelgaza.

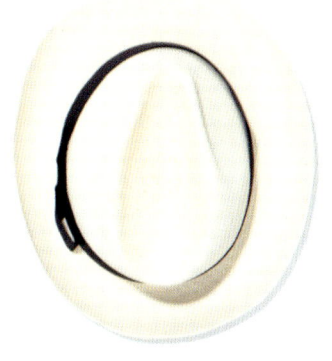

Intenta

> Si llevas minifalda, que sea con bailarinas o botines cortos de tacón ancho y no muy elevado.

> Usar vestidos tipo trapecio porque, además de cómodos, son muy fresquitos.

> Llevar un jersey encima porque en los sitios cerrados suele haber un fortísimo aire acondicionado y corres el peligro de pescar un resfriado.

> Buscar tejidos estampados de flores, cuadros o étnicos porque son muy veraniegos, pero hay que tener cuidado porque suelen ensanchar.

Evita

> Usar *shorts* con zapatos de tacón, a no ser que sean unas cuñas de esparto y siempre y cuando estés en lugar de costa.

> Ponerte *shorts,* bermudas, minifaldas, etc. si no tienes las piernas estilizadas.

> Si eres de las que sudas mucho, ponerte tejidos en los que se noten las horrorosas «empanadillas».

> Los escotes exagerados y las camisas demasiado abiertas. Que haga calor no significa que tengas que mostrar más de la cuenta.

Para bajar a la playa

Estar perfecta cuando vas a la playa es lo más sencillo del mundo; lo malo es complicarte la vida más de la cuenta o pasarte de sofisticada, ya que puedes acabar equivocándote.

Ya sé que cuando ves las editoriales de moda de verano de la revista *Elle*, con ideales estilismos de playa, deseas lo mismo para ti. Has de tener presente que ir cargada de complementos, al final, no resulta nada práctico. Queda muy bonito en la foto con esa modelo espectacular, pero en la realidad pecarás de ir *too much*.

En mi opinión, lo que no te puede faltar para ir a tomar el sol a la playa o simplemente para darte un buen baño refrescante es, para empezar, un biquini o traje de baño que te siente bien. Por otro lado, según seas más o menos atrevida –debido a tu edad, por ejemplo–, lo ideal es llevar encima un mono de pantalón corto, un pareo colocado con gracia y estilo, unos *shorts* con camiseta o un sencillo blusón amplio. En cuanto al bolso, mi consejo es que lleves la clásica cesta de paja de toda la vida porque es la más sencilla y *cool*. Además te cabe de todo y más.

Evita los tacones o las plataformas porque el efecto sería ridículo ya que la playa es un lugar 100% informal y no pegan nada. Son perfectas las sandalias planas, unas sencillas chanclas o, si eres de las que te gusta pasear por la orilla, lo mejor son las zapatillas cerradas de plástico de algún color divertido.

Importante también es que no se te olvide un amplio sombrero de paja, gafas grandes oscuras y crema de protección solar para evitar la exposición directa al sol durante demasiado tiempo, ya que no es nada saludable.

Una de las cosas que más me gusta hacer en la playa para sentir que aprovecho el tiempo es llevarme una pila de periódicos del día y revistas de moda del mes para estar al tanto de todo y poder intervenir con criterio en las diferentes conversaciones que se puedan dar. Además, suelo llevar también un buen libro por si mi jornada playera se alarga más de lo esperado y de esta forma, cuando vuelvo a casa, además de haber nadado y haberme puesto morena, habré sacado el máximo partido a un día que siempre da la sensación de máxima relajación.

En esta situación, no soporto el «momento dominguero». Es aquel que consiste en que las personas que bajan a la playa para pasar una simple jornada playera lo hacen acompañados de tantos utensilios como harían falta casi para construir una casa. Suele recrearlo a la perfección el dúo humorístico Los Morancos en la mayoría de sus espectáculos. No hay cosa más molesta que estar tumbado con total tranquilidad en tu toalla y que justo a tu lado comience la construcción de una supuesta vivienda o, mejor dicho, de una tienda de campaña únicamente para pasar unas horas. Estas personas no se suelen olvidar de llevar fiambreras llenas de comida, cacerolas de cocina, cartas para la sobremesa e, incluso, un generador eléctrico que les permita cocinar y hasta encender la luz cuando atardece. ¿Por qué hay gente que se complica tanto la vida y la estética? No hay nada más cómodo y elegante que ir siempre ligero de equipaje y no entiendo cómo, para pasar un día agradable cerca del mar, hace falta llevar tantas cosas. La idea de disfrutar de un momento de relax es olvidarse de la rutina de casa y no intentar llevarla a cuestas donde quiera que uno vaya.

> *La moda está en el cielo, en la calle, la moda tiene que ver con las ideas, con nuestro modo de vida, con lo que está pasando...*
>
> Coco Chanel

Intenta

> Llevar una toalla grande de playa porque al final es posible que acabes teniendo visitas.

> No amargarte si te llenas de arena. Al fin y al cabo... ¡estás en la playa!

> Llevar una botella grande de agua mineral. La sensación de bañarte en agua salada y, justo después, beber agua dulce para hidratarte al máximo es fantástica. Para matar el hambre lo mejor es un paquete de frutos secos, porque es el aperitivo más sano.

> Aprovechar para dar largos paseos por la orilla del mar. Es lo mejor que hay para la circulación de las piernas.

> Tomar un buen pescado fresco con ensalada en el clásico chiringuito de playa.

> No olvidarte de llevar una discreta sombrilla bajo la que poder descansar un poco del sol y dormir una buena siesta.

> Llevar la cámara de fotos. La playa da mucho juego para hacer buenas instantáneas.

Evita

> Presentarte a comer a un chiringuito sin cubrirte con una camisa o pareo.

> Olvidarte de repetir la aplicación de protección después de cada baño. Corres el peligro de quemarte y no hay nada peor que la piel rosácea al estilo *langostino*.

> Utilizar crema protectora de hace años porque si está caducada, no te protegerá e, incluso, puede que te cause una reacción adversa en la piel.

> Estar todo el tiempo tumbada en la toalla sin hacer nada. Aprovecha para hacer deporte jugando a las palas, por ejemplo.

> Llevar algo de comida con mayonesa porque el calor del sol hace que se ponga mala rápidamente.

> Usar joyas buenas por peligro de que se pierdan ni un reloj que no sea resistente al agua.

¡Al agua!

Este momento es el más temido por todas las chicas y para él nos solemos preparar durante los meses anteriores invirtiendo horas de gimnasio y poniéndonos a régimen estricto porque, hay que ser franca, el mal llamado bañador es una pieza que suele favorecer bien poco a no ser que tengas un cuerpo de infarto. Cuando pienso en este tipo de situaciones, inmediatamente me viene a la mente una de mis películas preferidas llamada *Escuela de sirenas*. La actriz Esther Williams es de las pocas personas que yo he visto que derrochan elegancia y *glamour* con tan poca tela encima.

Para sacarte el máximo partido en aquellos momentos en los que tengas que recurrir al biquini, hay que tener en cuenta que las mujeres tenemos cuerpos muy diferentes, y debemos conocer a la perfección cuáles son los trucos para potenciar el nuestro. Cada una somos un mundo. Si os parece, os voy a dar algunas pistas sobre el tipo de traje de baño que debéis usar teniendo en cuenta la divertida comparativa de las distintas formas corporales con instrumentos musicales que ya hemos visto anteriormente.

Cuerpo bongo: para él, pienso en el biquini del estilo que tanto Ursula Andress como Hally Berry lucieron en las películas de James Bond. Ese con el famoso cinturón y puñal que recordaréis a la perfección. Con este tipo de físico tan bien proporcionado y con una cintura tan definida no hay biquini que se resista.

Evita: romper la armonía de tus proporciones corporales introduciendo, por ejemplo, asimetrías.

Cuerpo guitarra: es el tipo de cuerpo que tienen actrices con curvas como, por ejemplo, Raquel Welch o Sofía Loren. En estos casos, es importante usar un buen sujetador con aro, amplia copa y escote *halter*. La braguita deber ser con corte alto en la pierna.

Evita: los estampados geométricos, volantes, abalorios o *shorts* para no parecer más voluminosa de lo normal.

Cuerpo triángulo: para este supuesto, preocúpate de aumentar la parte de arriba con tirantes anchos, separados de los hombros, y añade volumen en el pecho con fruncidos o rellenos. Deberías aprovechar para nadar porque fortalecerás los hombros consiguiendo corregir este tipo de forma corporal.

Evita: utilizar biquinis que tengan la parte de arriba de triángulo y la inferior muy grande.

Cuerpo púa: es muy típico en las nadadoras, que suelen tener grandes espaldas y que luego con la edad se van reduciendo, como es el caso de Elle MacPherson o Charlene Wittstock. Para ellas, lo mejor es un biquini de triángulo y una parte de abajo con volantes o lazadas a los lados para conseguir equilibrar esa zona con el ancho de los hombros. En este caso, también pega un estilo retro, tipo *pin-up* de los cincuenta con *shorts* o minifaldita.

Evita: biquinis con la parte de abajo demasiado mini.

Cuerpo flauta: los triquinis, trajes de baño asimétricos, las líneas en X, los estampados, colores llamativos, etc. son ideales para potenciar cintura y producir el efecto de tener cuerpo tipo bongo, que es el más proporcionado. Si estás muy delgada, te sentará de cine un dos piezas mini con cortes en pico.

Evita: las partes de abajo rectas a la altura de la cintura y también los cinturones.

Cuerpo teclado: eso significa que eres grande, así que el traje de baño de rayas diagonales y con escote pronunciado –ya sea en pico o cruzado–, te sentará de maravilla. También es importante que esté escotado de pierna para rebajar la forma de teclado.

Evita: las rayas y los cortes horizontales.

Cuerpo pandereta: lo más conveniente en estos casos es un traje de baño de color oscuro que recoja bien la tripita y, si desvías la atención al pecho, mucho mejor.

Evita: los detalles en la cintura y los colores llamativos o brillantes.

Al analizar estos tipos de formas corporales, me doy cuenta que mi estilo perfecto de traje de baño es de una sola pieza y de corte sencillo, tipo el que Bo Derek lució en color crudo y con un peinado repleto de trencitas en la película de Blake Edwards, que se convirtió en un icono en los años ochenta.

> *No hay mujeres feas, solo mujeres descuidadas.*
>
> Helena Rubinstein

Intenta

- Tener en cuenta la altura, las proporciones y los volúmenes…
- Si eres bajita, evitar los *shorts*.
- Si tienes poco pecho, sacarle partido a los rellenos, los volantes o utilizar una parte de arriba tipo *balconet*.
- Jugar con los colores para crear diferentes sensaciones visuales.
- Invertir en buenas marcas, que ofrecen unas *lycras* estupendas y conocen el cuerpo femenino al milímetro, como es el caso de Eres. Aunque el precio de sus trajes de baño sea más elevado, al final te compensará.
- En algunos casos hacértelo a medida. Hay sitios donde eliges el modelo, el tejido y el color.
- Si vas a Brasil, no dejes de comprarte un traje de baño allí porque tienen una *lycra* especial. Y, en Estados Unidos, no te olvides de entrar en Victoria´s Secret ya que las dependientas te aconsejarán de maravilla porque saben latín al respecto.
- Probarte varias tallas. Aunque sea un rollo merece la pena si no quieres hacer el ridículo con una goma que aprieta demasiado o una prenda que queda demasiado floja.
- Siempre llevar encima una camisola larga abierta ya que te estilizará y hará parecer tus muslos reducidos a la mitad. Es ideal también un caftán transparente o un pareo para esconder la celulitis.
- No olvidarte de aclarar siempre los trajes de baño con agua dulce. Ojo con los bronceadores, la sal o el cloro porque los estropea.
- Cuidar las poses que ponemos en la playa: trata de ser lo más femenina posible y evita el espantoso despatarre.

Hoy llueve

Cuando tenemos un invierno en el que no ha parado de llover es difícil resignarse. Es gracioso porque, por lo general, en lo que a la meteorología se refiere, solemos protestar pase lo que pase: que si es un horror que llueva, que si a ver si llueve porque los pantanos están secos, etc. En fin, nunca estamos satisfechos con el tiempo.

En esos días en los que cae la mundial, nuestro armario debe estar preparado para el agua. En las situaciones más formales, es importante que nunca falte el típico *trench,* a ser posible de color beige. Además, es muy fácil de combinar para otras ocasiones que se te presenten, aunque no llueva. Es una pieza muy versátil y que le dará un toque muy *cool* a tu estilismo, según como lo combines. Para las situaciones informales, lo sustituirás por el típico chubasquero práctico que ocupe poco.

En cuanto al calzado, esos días te tienes que olvidar de usar los zapatos *superchic* que te compraste en Le Marais en tu última visita a París, o los sofisticados que te regaló tu madre con mucho cariño, ya que acabarás destrozándolos y es una pena. Cuando llueva, tienes que intentar usar los más viejos que tengas en el armario o los que estén preparados para el agua porque tengan suela de goma. Desde hace unos años, se han puesto de moda las botas de agua de mil colores de la firma Hunter que se pueden combinar estupendamente según lo que lleves puesto. He de decir que soy fan de ellas porque me parecen de lo más divertidas pero para la ciudad las veo demasiado toscas. Imagínate en una reunión de trabajo con tu elegante traje y unas botas de agua con suela más bien campera; no pegaría mucho. Poco a poco están saliendo al mercado botas con un estilo más refinado y perfectas para estas ocasiones. Otra práctica opción es que uses las botas cuando estés en la calle, que dentro del bolso metas unos zapatos apropiados para la ocasión y los saques cuando estés bajo cubierto.

Intenta

> Tener un pequeño paraguas para poder meterlo en el bolso. Los grandes se acaban perdiendo u olvidándose en algún sitio.

> Si llueve poco, sustituir el paraguas por un estiloso sombrero.

Evita

> La solución de ponerte una espantosa bolsa de plástico en la cabeza si no tienes un paraguas encima. Mejor te quedas a cubierto.

> Si usas impermeable de plástico, llevar muchas capas debajo porque te achicharrarás de calor.

> La música, la fantasía de los juguetes, la evocación de la poesía o el imán de la música, todo lo mezclo a mi manera naif mediante un punto de vista nada evidente; siempre huyo de las cosas obvias. Me gusta mostrar una visión muy mía y que las personas lo reinterpreten.

Josep Font
(Director creativo de Jesús del Pozo y diseñador)

Para todo tipo de planes

" Cuando estás en un mundo creativo, es necesario entrar en contacto con la verdad. Para diseñar, se necesita tener una vida sencilla, algún amigo, buenos libros, buenas películas y muchos sueños. No puedes tener una vida social intensa y ser creativo a la vez.

Alber Elbaz
(Diseñador de Lanvin desde 2001)

¡Me voy de compras!

Por fin ha llegado el día que todas esperamos siempre con ilusión: hay que renovar el armario. Después de haber hecho una buena limpieza y dejado un gran hueco vacío, es la hora de coger papel y lápiz y escribir las necesidades que tenemos antes de salir a la calle a hacer nuestra ruta de *shopping*.

Una vez analizado el presupuesto que tenemos, es muy importante pensar sobre las prioridades, para saber a por qué cosas vamos a lanzarnos primero. Yo empezaría por las prendas que puedan ir completando poco a poco nuestro fondo de armario y luego me tiraría a por el par de caprichitos muy de tendencia que solemos tener cada temporada después de habernos empapado de todas las revistas de moda habidas y por haber.

El día que elegimos para ir de compras hay que intentar vestirse de la forma más cómoda posible y así poder pasearnos de probador en probador sin necesidad de invertir horas atando los miles de botones de la camisa que poco inteligentemente hemos elegido para ese día, o abrochándonos los cordones de las sofisticadas botas que llevamos puestas.

Lo primero y más importante es llevar un enorme bolso –comúnmente llamado *shopping bag*– porque es lo más cómodo, y cuantos más compartimentos tenga mejor para así poder meter de manera ordenada miles de cosas. Desde una libreta para apuntar todo lo que se nos venga a la cabeza, la cámara de fotos, el maquillaje, los chicles, las tarjetas de visita (nunca sabes a quien puedes encontrarte por la calle), revistas de moda (por si te sirven de inspiración) hasta, incluso, una botella de agua. Lo ideal es llevar aparte una minibandolera para poder meter tan solo el móvil y el dinero con el fin de evitar ponerte nerviosa buscando esos imprescindibles en un bolso del tamaño de una piscina cada vez que los necesites.

El calzado que elijas ese día deberá ser el más cómodo posible para poder moverte cual lagartija de tienda en tienda, recorrer mercadillos, subir las escaleras de los centros comerciales, etc. Además, es preferible que no tengan cordones ni enganches de ningún tipo para no tardar demasiado tiempo en cambiarte en el caso de que tengas que probarte algo.

Las prendas de ropa que elijas también deben ser fáciles de quitar y poner para no tardar horas en el probador, cosa que pone muy nerviosa a la larga cola que espera detrás. Otro detalle que hay que tener en cuenta es que no debes ir cargada de complementos para evitar que se te enganchen con la ropa y, además, porque corres el riesgo de perderlos.

Por otro lado, te aconsejaría que ese día fueras sola o, si te apetece ir comentando la jugada con alguien, que sea tu madre, hermana o una amiga de total confianza porque no hay nada más pesado que no poder ir a tu aire ese día y estar pendiente de que si la otra persona dice o deja de decir. A mí eso me pone histérica porque soy de las que van a tiro hecho. Actúo como el dicho: «llegué, vi, vencí» y no me gusta dar vueltas a lo tonto. Cuando entro en una tienda hago una rápida inspección general. Es como si tuviera visión periférica. Hago mis cuentas para asegurarme de qué es lo que me puedo permitir. Luego me pruebo en un segundo las tres cosas que me gustan y compro las que me quedan bien para poder salir cuanto antes en busca de otra nueva e interesante dirección.

Para ser organizada en un plan apasionante como es ir de *shopping*, aconsejaría estudiar los días que tenemos libres y asignarlos según las distintas zonas de la ciudad. Así le sacaremos el máximo jugo para que no se convierta en un estrés auténtico. Soy fan de la ropa de tiendas asequibles que luego combino con prendas que compro en otras boutiques más especiales. En Madrid, diría que en la zona de Chueca encuentro esas piezas exclusivas que le dan un toque diferente a mi forma de vestir. También me gusta darme una vuelta por los mercadillos y tiendas *vintage*, sobre todo, si estoy en ciudades como Londres, París o Nueva York porque encuentro verdaderos tesoros que no hay que dejar pasar.

En época de rebajas mi mayor consejo es que no te vuelvas loca por los precios y pienses dos veces cada cosa que compras porque corres el peligro de equivocarte con la emoción que te invade al ver verdaderas gangas… que luego acabarán estando colgadas y muertas de risa en tu querido armario.

Una cosa que jamás suelo hacer es entrar en tiendas que sé de antemano que tienen cosas que no me puedo permitir para así evitar que mi mente pueda llegar a desear algo que esté fuera de mi alcance. Para ahorrarme ese estado de ansiedad, prefiero ni pisar ese tipo de boutiques, a no ser que esté buscando inspiración para mi blog y necesite echarle un vistazo a ciertos productos o piezas de ropa inaccesibles para la mayoría de los mortales.

> *El modelo que nunca debe faltar en el guardarropa femenino son unos zapatos del color de tu piel. Te debe permitir aparecer, pero también desaparecer. Un zapato que deje lucirlo totalmente desnudo, y a la vez vanidoso, de la manera más sencilla.*
>
> Christian Louboutin

Intenta

> Usar ropa cómoda y fácil de quitar y poner para no retrasarte en los probadores.

> Llevar contigo tu libreta con las anotaciones previas de tus necesidades.

> Ese día llevar puesta ropa interior básica y, a ser posible, de color piel, porque es la que mejor se adaptará a todo lo que te pruebes. Lo mejor y más cómodo es un body liso.

> Si vas sola, no olvidarte de un iPod que te animará en tu paseo entre tienda y tienda.

> Usar el maxibolso o *shopping bag*, en el que te quepa de todo. Es el perfecto para esta ocasión.

> Vigilar bien el bolso mientras te estás probando para evitar robos.

Evita

> Ponerte calzado con cordones porque es el más incómodo para las pruebas.

> El taconazo para no acabar con los pies destrozados al final del día.

> Llevar muchas prendas puestas porque acabarán sobrándote.

> Ir cargada de complementos porque puede que los pierdas y que se enganchen con la ropa que te pruebas.

> Usar pantalones durante este día porque te complicarán la vida. Los vestidos o las faldas son la opción más confortable.

> Salir de compras si estás más hinchada de lo normal y, además, con falta de energía. Llegarás a casa más triste y tampoco se trata de eso.

Hay semanas en las que no veo el momento de que llegue el viernes para escaparme de la ciudad a pasar un agradable fin de semana en el campo y poder desconectar. Para mí es uno de los planes más necesarios, sobre todo en invierno, que es cuando más le gusta a uno estar cerca de la chimenea tranquilo y tapado con una mantita.

Cuando hago la maleta para ir al campo jamás me olvido de meter mis botas camperas, que heredé de mi madre hace ya años. Se las hizo a medida un talabartero del sur y las conservo como oro en paño. Es imprescindible que el cuero esté desgastado porque queda mucho más bonito pero, eso sí, para cuidarlas como se merecen no me puedo olvidar de ponerles grasa de caballo cada cierto tiempo para evitar que el cuero se acabe agrietando. A mí las botas me encanta ponérmelas por encima de los pantalones cuando estoy en el campo y, además, con calcetines extralargos y coloridos que sobresalgan por encima de ellas. Esto le da un punto colorido al estilismo.

Los vaqueros, los jerséis masculinos de lana, las camisas de cuadros tipo leñador, la chaqueta larga de lana, las boinas calentitas, las amplias bufandas, el Barbour, los calcetines extralargos y un buen abrigo de pelo, son también prendas imprescindibles que siempre llevo a cuestas para pasar unos días rodeada de naturaleza cuando toca ir en época de frío. En invierno, suelo sentirme como un auténtica cebolla por la cantidad de capas de ropa que llevo encima (camiseta interior, camisa, jersey, abrigo, etc.). En verano, me conformo con unos vaqueros, combinados con camisetas y, por si acaso, nunca está de más llevarme mi parca militar por si refrescara. Eso sí, las botas siempre hay que llevarlas, con independencia del tiempo que haga. Hay que estar preparada para cuando quieres salir a dar un paseo y que no acabes de barro hasta arriba o dolorida con los pinchazos de los arbustos del campo. Por tanto, aunque te parezcan comodísimas y haga un calor infernal, las chanclas hay que aparcarlas dentro de casa.

Como a este tipo de parajes vas a descansar, no tienes que preocuparte por seguir normas a la hora de combinar la ropa. La gente de campo es la más natural del mundo y no está tres horas delante del espejo pensando qué ponerse. Sencillamente son prácticos y punto. Lo típico es elegir coloridos marrones o verdes para los *looks* de campo pero, si os soy sincera, a mí eso me da igual porque muchas veces me apetece llevarme un jersey rojo sangre de toro o azul cielo: queda igual de bien y además es diferente.

Es importante que aproveches este tiempo campero, además de para pasear por la naturaleza, cosa que reanima a cualquiera, para ensayar tus recetas de cocina, cuidar el jardín, pensar y avanzar el proyecto en el que estás trabajando, leer, ver películas que te apetezcan, matar el tiempo con divertidos juegos de mesa, etc.

Para el campo

Intenta

> Probar con los pantalones bombacho.

> Llevar algún tipo de sombrero, ya sea borsalino, de paja o boina campera.

> Usar botas indias, tipo *cowboy* o unas Hunter de agua.

> No olvidarte de las camisas masculinas y blusas románticas para combinar con vaqueros.

> Apostar por un peinado con trenzas.

> Para cuando vayas a la montaña, meter las botas de *trekking* para los largos paseos y los pronunciados ascensos o descensos.

Evita

> Llevar zapatos de tacón.

> Usar *shorts*, a no ser que en verano no puedas soportar el calor y los combines con botas altas amplias al estilo «Kate Moss en festivales».

> Ponerte una falda tubo porque te resultará incomodísima.

> Usar joyas demasiado llamativas porque no es el momento. Confórmate con un sencillo colgantito corto o largo que queda muy estiloso.

> Utilizar maquillajes sofisticados. Lo mejor es usar una hidratante protectora con un toque de color.

Pasar un día navegando es una manera estupenda de romper la rutina de verano, por lo menos para mí. Otras personas, en cambio, pueden navegar durante todo el año y otras de solo pensarlo se marean.

Para navegar tienes que ir bien preparada, porque es el lugar en el que más te expones a los rayos de sol y no hay escapatoria, a no ser que te pongas a nadar durante largo rato –y ni aun así–. Por eso es importante que lleves siempre contigo un amplio sombrero de paja y unas gafas grandes para protegerte lo máximo posible en el caso de que en el barco no haya toldo o camarote. Eso sí, debes tener cuidado cuando el barco esté en movimiento para que no se te vuele.

Lo ideal es que lleves siempre el biquini o traje de baño puesto, por si acaso no hay sitio para cambiarse. Como *look* práctico, decántate por los *shorts*,

Evita

> Utilizar zapatos de tacón fino este día. Solo se admiten las cuñas de esparto.

> Ir a pasar el día a un barco sin haberte depilado.

Un día en barco

camisa de hilo o camiseta porque así puedes ir quitándote ropa por fases según el calor que vayas pasando. Además, es la solución perfecta si tienes pudor para destaparte de golpe hasta quedarte en ropa de baño. Por otro lado, nunca está de más que lleves un pareo en el bolso que poder ponerte a la hora comer. Dado que nunca debes comer solo con el traje de baño, de esta manera evitarás mojar tu ropa. Para la vuelta a puerto, lo que más te apetecerá del mundo es ponerte algo que esté seco para no pasar frío. A mí, para eso, me gusta llevar en el bolso una sudadera de esas de toda la vida.

Si tienes previsto encontrarte con un ligue y te apetece vestirte de una manera más sofisticada sin pasarte, porque al fin y al cabo es un plan de mar, yo me decantaría por el estilo de Diane von Furstenberg. En su tienda podrás encontrar unos fabulosos caftanes muy coloridos para poner encima del biquini, cuya ligera transparencia los convierte en una pieza muy sensual. Si te resultan muy caros, en los mercadillos veraniegos suele haber miles de opciones más baratas. Eso sí, es importante saber que, si recurres a este tipo de prendas sugerentes, tu forma de moverte tiene que ser lo más recatada posible para evitar pecar de atrevida.

Otro estilismo muy marinero son las clásicas rayas, que a mí personalmente me gustan en distintos colores, no solo las clásicas rojas o blancas. Las puedes combinar con *shorts,* falda corta o pantalón largo remangado, según el clima.

Intenta

> Cuando estés dentro del barco, descalzarte siempre. Es obligado.

> Llevarte un biquini o traje de baño de recambio en la bolsa.

> No olvidarte de aplicar generosamente crema de protección muy alta, porque en los barcos es donde más pega el sol.

> Usar las famosas toallas-pareo que son ideales y que te harán doble función.

> Ponerte un pañuelo en la cabeza… ¡queda de lo más estiloso!

Intenta

> No olvidarte del abanico porque suele hacer un calor insoportable.

> Con mantilla, llevar siempre el pelo recogido.

> Usar pendientes largos ya que favorecen muchísimo.

> Vestir con traje de flamenca para ir a los toros siempre y cuando sea época de feria y te encuentres en una ciudad andaluza.

> Llevar una flor en el pelo.

Evita

> La minifalda porque además de inapropiada, es incomodísima.

> Sentarte junto a un señor que fume puros porque al final de la corrida acabarás ahumada.

> Llevar un *look* demasiado desenfadado.

Una tarde de toros

Generalmente, la época de toros coincide con la primavera y el verano, por tanto, es aconsejable elegir estilismos coloridos y evitar los grises y negros de los que una puede estar cansada después de un largo invierno. Es el momento de darle a nuestra forma de vestir alegría y vida.

En mi opinión, la prenda más útil en este tipo de casos es el clásico *blazer* de color blanco porque combina fácilmente con todo y siempre le da un toque formal al *look,* que es lo apropiado para asistir a una corrida de toros. Por otro lado, también resulta muy adecuada una elegante camisa blanca, porque admite todo tipo de complementos.

Si eliges piezas de colores vivos para tu estilismo, hay que tener en cuenta que puedes recurrir a todas las tonalidades menos al amarillo porque los muy taurinos lo detestan ya que, según ellos, simboliza la mala suerte. Así que mejor evítalo para que no te piten en la plaza.

Lo perfecto es optar por llevar pantalones, porque son mucho más cómodos a la hora de sentarte en las gradas que, habitualmente, suelen tener poco espacio entre ellas. Por lo tanto, las piernas hay que colocarlas de forma estratégica para encontrar un hueco y, esos movimientos con una falda o un vestido serán mucho más complicados.

Por otro lado, si te toca sentarte en la grada de sol no olvides llevarte gafas oscuras y un sombrero para protegerte del sol, pero que no sea demasiado grande para no molestar ni quitar visibilidad a la persona que tienes sentada detrás.

En la plaza de la Maestranza de Sevilla, si estás invitada al palco de los maestrantes, deberás saber que generalmente se lleva mantilla blanca. En el resto de la plaza, sin embargo, se ha perdido la costumbre de vestirse así. En estos casos, tienes que tener también en cuenta una serie de normas a la hora de ponerte la mantilla. La primera es que el vestido debe ser de corte clásico con largo por la rodilla y escote discreto. Para mi gusto, el ideal para este tipo de trajes es el tipo barco amplio, en el que enseñas un poco las clavículas. Es imprescindible que uses zapato cerrado para no mostrar los dedos de los pies. Esta última es una de las reglas más importantes que debes cumplir en este tipo de situaciones. Por otro lado, tienes que evitar los vestidos de tirantes, porque tus hombros deben estar cubiertos. El tejido del traje es preferible que sea liso a estampado, porque hace que la mantilla luzca mucho más. Por último, coloca unos madroños en la parte alta de la cabeza, cerca de la peineta, es un detalle muy especial que marca la diferencia.

Flamenco

Como cada año en abril, miles de sevillanas se visten de flamenca y esperan con emoción poder lucir su nueva creación. Es aquí, en mi ciudad, capital de Andalucía, donde yo mejor me inspiro para vestirme con un *look* flamenco.

A lo largo del tiempo, el diseño de los trajes, también llamados de gitana, ha evolucionado considerablemente. Cada vez existen más diseñadores, hasta el punto de que hoy en día se celebra SIMOF, una pasarela anual especializada en este tipo de vestidos.

He de decir que yo soy fan de los cortes clásicos y de los tejidos de lunares de toda la vida. Cuando una chica se quiere vestir de faralaes, tiene que hacerlo de eso mismo, no de cíngara ni de india ni de nada por el estilo.

El corte que a mí me parece más favorecedor es el de sirena, en el que la cascada de volantes empieza a partir de la rodilla y va hasta los pies. Por otro lado, el escote que mejor sienta es el de pico con gran abertura hasta los hombros. En la parte de atrás también hay que atreverse a dejar gran parte de la espalda al descubierto porque le da un punto muy *sexy* que luego, combinado con el mantoncillo, queda espectacular. En cuanto a las mangas, siempre opto porque estén a la altura del codo rematadas en un volante. Es la opción más elegante, aunque también se admiten más cortas e, incluso, tirante ancho. De este último yo no soy muy fan. Pero hay gustos para todo.

Por otro lado, es importante diferenciar los trajes de flamenca que son para usar de día y aquellos que son para la noche. En concreto, para los primeros prefiero apostar por los estampados de lunares de colores vivos y de tejido duro como el percal; para la noche, me encantan los de tejidos lisos, que pueden ser más brillantes e, incluso, con caída, cosa que no soporto para el día.

Si tienes planeado ir a la feria y no te apetece nada vestir de flamenca, tienes que saber que no hay ningún problema, ni vas a ser criticada por ello. Lo que sí te recomiendo en estos casos es recurrir a una falda, pantalón o camisa de tejidos coloridos o de lunares. La chaqueta blanca siempre es muy elegante y socorrida para estas ocasiones. Para la noche, con el negro sofisticado nunca te equivocarás y si, además, le añades complementos muy flamencos y un mantón de Manila de color, irás ideal.

Si el plan que tienes es ir a la romería del Rocío, que se celebra todos los años en la provincia española de Huelva, hay que tener en cuenta que el estilismo varía un poco. Por lo general, se usa la llamada bata rociera, que es parecida al vestido de flamenca pero mucho más liviana, con menos volantes, escote siempre en pico, espalda totalmente cubierta y manga de farol hasta el codo. Para que lo entiendas bien, la bata rociera se suele usar para hacer el camino

porque es más cómoda y el traje de flamenca tradicional, al ser más vestido, se reserva para los acontecimientos religiosos más importantes. Otro de los atuendos que se suele utilizar en este famoso acontecimiento religioso, es una falda amplia de vuelo con estampado, generalmente de lunares. El largo de esta falda suele ser por el tobillo pero puede ser más corta y lleva una sola fila de volantes al final. A veces, se le añade una enagua debajo para dar sensación de mayor volumen. Este tipo de falda se puede combinar con un *top* estrechito y sencillo de escote en pico o redondo amplio, o también con una blusa de manga abullonada. Como zapatos, se suelen utilizar los clásicos botos. Por otro lado, se puede complementar el *look* con un cinturón que lleva bolsita de cuero incorporada en la que podrás meter el móvil, dinero o lo que te haga falta.

Si te tuviera que aconsejar alguna diseñadora de trajes de flamenca en Sevilla, por mi experiencia propia, te diría que para un diseño de día fueras a ver a Pepa Garrido, porque sus creaciones son muy elegantes y, para uno de noche, la perfecta sería Vicky Martín-Berrocal, porque con un traje suyo os sentiréis más guapas que nunca y, además, podréis reciclarlo para otras fiestas que tengáis.

Intenta

> Usar zapato cómodo, ya sean bailarinas o plataformas de esparto, para poder sobrevivir a un largo día de feria.

> Hacerte un pequeño bolsillo interior en el traje para meter cosas y así evitar llevar bolso con el traje de flamenca. Es lo más antiestético que hay.

> No olvidarte el complemento de la flor en el pelo. Puedes llevarla encima de la cabeza –nunca demasiado cerca de la frente– o colocada más abajo en el lateral de vuestro recogido.

> Llevarte un abanico como complemento porque cuando estés dentro de una caseta lo agradecerás.

> Ir a la feria de día; es mucho más atractiva para ver el colorido general y los preciosos coches de caballos.

Evita

> Vestirte de flamenca si estás embarazada porque no favorece nada.

> Beber mucho rebujito (mezcla clásica feriante de Manzanilla y Seven-up) cuando estés a la grupa de un caballo porque cuando bajes puede que te sea muy difícil mantener el equilibrio.

> Usar gafas de sol cuando estés vestida de gitana porque estéticamente no es nada atractivo.

> Llevar el pelo suelto –y peor aún si es con una flor detrás de la oreja– porque da un aspecto muy cursilón.

> Llevar zapatos caros a la feria porque acabarán destrozados con el albero.

Semana Santa

Con este *look* lo que pretendo explicar es cómo debes vestirte cuando vayas a pasar la Semana Santa en una ciudad en la que este momento se viva con fervor religioso.

En España, yo no puedo tener mejor ejemplo con la ciudad de Sevilla, que es la que me vio nacer y donde siempre vivo esta semana de manera muy especial. Es gracioso porque en las tiendas locales suele haber una selección especial de modelitos «semanasanteros» al estilo sevillano.

En la capital hispalense es muy especial el Domingo de Ramos, durante el cual la gente suele salir a la calle estrenando *look* formal a gusto de cada uno. Ese día no es difícil fichar estilismos que son para llorar, ya que ves a personas que suelen vestir de manera informal siempre, y que justo ese día se colocan (de manera forzada) la corbata, la chaqueta y los zapatos, pero mezclándolo con su estilo habitual. El resultado son unas mezclas de colores y tejidos espantosos. Lo que hay que tener muy claro es que durante la Semana Santa no hay que vestirse como para ir a la boda de un hijo, el bautizo del nieto o la comunión de una prima, y aprovechar el momento para sacar del armario las sedas salvajes y los brillos. Se trata de ir elegante pero a la vez de una forma discreta y comedida.

Si tu plan es vivir la Semana Santa en Sevilla tendrás que meter en tu maleta vestidos formales. Algunos de ellos deberán ser de color azul marino o negro para usarlos durante el Jueves y Viernes Santo, en los que siempre se debe ir de color oscuro. Las joyas o complementos que lleves no deberán ser muy llamativos. Por ejemplo, las perlas resultan perfectas. También deberás incluir elegantes bailarinas, algún clásico zapato de tacón no muy alto, un bolso distinguido tipo el

2.55 de Chanel o el Kelly de Hermès, una falda tubo para conjuntar con blusa de raso, un pantalón oscuro y un *blazer*. Este último es siempre muy socorrido para hacer un poco más formal cualquier estilismo y, además, es fácil de combinar. Este conjunto de prendas servirán para ir a ver los preciosos pasos de Semana Santa en los distintos palcos o balcones de casas de amigos a los que estés invitada y en los que siempre se suele organizar algún que otro cóctel formal.

Si lo que te apetece es ver las procesiones a pie de calle y eres de las que no les importa las grandes aglomeraciones de gente, lo mejor es ir cómoda pero guardando las formas. Serían perfectos unos vaqueros negros, bolso bandolera y zapato plano para que puedas andar tranquilamente. Para estas situaciones, yo prefiero la camisa antes que la camiseta, que es demasiado informal.

Otra opción es vestirte de mantilla negra durante Jueves y/o Viernes Santo para seguir las procesiones, pero no se suele hacer a no ser que pertenezcas a alguna hermandad y vayas acompañando al paso que sale. En ese caso deberás llevar un traje negro por la rodilla, un escote discreto (el tipo barco o cuadrado son muy apropiados) y manga al codo. Si le añades unas perlas y un broche antiguo, tu estilismo resultará fantástico. También es importante que lleves zapatos de tacón negro cerrado porque llevar los dedos al descubierto no es lo más apropiado.

> *Estoy aquí para hacer que la gente sueñe, para incitarla a comprarse ropa bonita y para esforzarme en crear prendas maravillosas lo mejor que pueda. Este es mi deber.*
>
> John Galliano

Intenta

> Llevar un abanico encima porque en las aglomeraciones de gente lo agradecerás.
> Explotar tu vena más clásica para decidir tus estilismos porque es la más adecuada.
> Usar tejidos con un encaje sutil.

Evita

> Vestirte con colores chillones.
> Usar deportivas.
> Los vaqueros y piezas informales.

Tanto la ópera como el concierto de música clásica son los típicos planes que pueden divertirte a morir o, por el contrario, que más pereza te pueden dar por ser la típica encerrona de unos familiares o amigos.

Sea lo que sea, ten en cuenta que a este tipo de evento cultural debes ir vestida, como diría mi madre, como Dios manda y no hecha unas pintas.

En concreto, a la ópera se suele ir más arreglada que a un concierto de música clásica pero, en general, ambos son sitios a los que tienes que acudir con un estilismo refinado.

Ópera

Lo más fácil y con lo que nunca te equivocarás, es vistiéndote de color oscuro. Es la ocasión perfecta para sacar del armario el LBD (Little Black Dress) e interpretarlo a tu gusto con distintos complementos, un elegante tacón y un bolso pequeño de cadena larga estilo Chanel.

Para estos acontecimientos, otras piezas que también encajan a la perfección son, por ejemplo, camisas de seda o raso, *blazer* oscuro, pantalón negro elegante, falda tubo por la rodilla, vestido con volumen estilo años cincuenta, medias –me chiflan las negras con lunaritos pequeños–, guantes largos –sería para usar en la ópera porque son más arreglados y siempre es importante no llevarlos totalmente estirados–, un broche antiguo, maravillosos pendientes y/o collar –todo a la vez puede ser demasiado–, *stilettos* negros, traje largo –solo para la ópera y siempre y cuando se requiera en la invitación.

También me encantan y me parecen acertadísimas, las combinaciones bicolores de negro con distintas tonalidades como blanco, fucsia, verde esmeralda, azul eléctrico o naranja para darle un toque más actual.

Siempre que pienso en ir a la ópera me viene a la mente la imagen de Julia Roberts en la película *Pretty Woman* en la que ella llevaba ese vestidazo rojo que le quedaba espectacular. Hoy en día la gente no se suele engalanar tanto para ir a este tipo de sitios a no ser que sea una fecha especial y que la ocasión lo requiera. Este es el caso del concierto de Año Nuevo, que se organiza cada primero de enero en Viena y al que, desde pequeña, siempre he soñado ir.

Intenta

> Sacar del armario un bolso *vintage* arreglado de tamaño pequeño porque es el complemento perfecto para esta ocasión.

> Usar tejidos de terciopelo en invierno y sedas naturales en verano.

> Apostar por el toque de un cinturón sofisticado, como puede ser uno dorado o plateado.

Evita

> Los tejidos de algodón. Son demasiado informales.

> Los cortes de vestidos y estampados exagerados. En estos lugares es preferible el estilo sobrio.

Para viajar en avión

Mientras escribo estas líneas estoy subida en un avión rumbo a Venecia, así que creo que estoy en el lugar que más me puede inspirar para hablarte acerca de este *look*.

Cada vez me espanta más observar en un aeropuerto cómo va vestida la gente y cómo se prepara para viajar. Con el paso del tiempo se han ido olvidando las normas básicas de educación que hay que seguir a la hora de subirse un avión, sobre todo, en verano. Es triste ver como hay personas que no tienen ningún tipo de pudor en viajar como si fueran a la piscina o, simplemente, como si estuvieran en el salón de su casa viendo la televisión. He llegado a ver incluso a una persona que iba con zapatillas de felpa regaladas en un hotel. ¡Es el colmo del mal gusto!

Para empezar, por respeto a los demás e incluso a nosotros mismos, tendría que prohibirse subir a un avión a personas que no estén bien aseadas. No quiero pensar en su pobre compañero de vuelo... Es la perdición. Por eso hay que intentar ser muy cuidadosos en este aspecto.

Otro asunto importante es el de los niños. Lo comento porque justo ahora mismo tengo a uno detrás dando la tabarra y sin dejarme escribir tranquilamente. Es esencial que los padres sean verdaderamente exigentes con el comportamiento de los hijos en un avión porque de no ser así, el rato agradable que pasas soñando con tu destino se convierte en un auténtico infierno.

Volviendo a cómo debemos vestirnos, cuando me toca volar, tiendo a usar cosas muy cómodas, que no vulgares. Mi prenda ideal son los pantalones no demasiado ajustados y de tejido fino combinados con una camiseta amplia y un zapato plano blando. Lo perfecto es utilizar siempre calcetines o llevarlos en el bolso por si en algún momento te apetece descalzarte después de ver que tus pies se han hinchado debido a la presión. No es de recibo observar el pinrel de tu compañero de asiento casi rozándote y con un aroma poco agradable. Y no te olvides de que esos calcetines estén en perfecto estado porque no hay nada que dé más vergüenza que descubrir que llevas el clásico «tomate» en el control de acceso mientras te observan varias personas.

En invierno, te aconsejo llevar un abrigo con muchos bolsillos en los que puedas meter los papeles típicos de un viaje, pero sin que sea demasiado agobiante. Es decir, tienes que evitar el plumífero o las pieles porque, al final, siempre te acabarán estorbando. Lo ideal es que optes por uno neutro que resultará versátil durante la estancia tanto para situaciones formales como informales (por ejemplo, un clásico *trench*).

Es importante que lleves encima, aunque sea verano, un jersey y un fular porque el aire acondicionado del avión suele ser muy fuerte y así te evitarás pillar un molesto resfriado.

Para este día también es esencial que elijas una bolsa grande en la que quepa todo, desde el ordenador y la botella de agua hasta el libro que estés leyendo. Ya sabes lo pesadas que se han puesto últimamente las compañías aéreas (sobre todo de *lowcost*) permitiendo meter tan solo un bulto de mano en el avión y teniendo en cuenta que el bolso personal cuenta como pieza de mano. A mí me saca de este problema mi MaxiAmazonas de Loewe que compré a precio de ganga hace tiempo en Las Rozas Village. Cumple a la perfección las medidas permitidas y dentro cabe de todo. Además de mi bolso personal, suelo llevar una carterita pequeña bien diferenciada donde meter separados el pasaporte y los billetes para no estar horas buscándolos en el control. También es importante la crema hidratante para la cara, porque la piel se reseca mucho, así como un bote pequeño de perfume, un buen libro o revista, el iPod, un pañuelo, un cepillo de dientes, un antifaz por si quieres echar una cabezada y un cojín hinchable porque tu cuello lo agradecerá.

Intenta

> Meter una muda en el bolso por si se te pierde la maleta.

> Llevar el cepillo de dientes en el equipaje de mano.

> Comprar algún medicamento que te pueda ayudar a dormir por si es imposible que concilies el sueño. Así evitarás el *jet lag*.

> Aprovechar para leer en el avión sobre la ciudad a la que te diriges. Así irás un poco preparada.

> Llevar una maleta de ruedas para no destrozarte la espalda.

> Lo ideal es llevar dos maletas con menos peso porque –por las restricciones que existen en cuanto al exceso de equipaje– te saldrá mucho más barato y evitarás que te cobren una millonada.

Evita

> Viajar con muchos complementos de metal encima porque estarás horas quitándotelos y poniéndotelos en la zona de seguridad para evitar que la máquina pite. Lo mismo ocurre con los zapatos, cuanto más fáciles sean de quitar y de poner, mucho mejor.

> Usar cinturón porque acaba resultando incómodo.

> En verano, no viajar en chanclas o con arena de la playa encima.

> Estrenar zapatos en un día de viaje por el riesgo que conlleva hacerte rozaduras en los pies.

> Usar bolsas de plástico promocionales como equipaje de mano.

> Viajar con sombreros porque acabarán hechos polvo en los maleteros del avión.

Viaje aventurero

Con el término «viaje aventurero» me refiero al tipo de viaje que hacemos en plan «mochilero» para descubrir lugares salvajes como puede ser la selva, el desierto o cualquier rincón de un maravilloso continente, por ejemplo, África. Este tipo de viajes considero que son de lo más divertidos que hay pero a los que se tiene que ir muy preparada en lo que respecta a las vacunas como a la ropa.

El viaje aventurero más increíble que he hecho en mi vida fue en el 2009 a Goma (Congo). Lo hice porque la revista *Telva* nos encargó hacer un reportaje sobre el centro de maternidad de esa ciudad, que se llevó ese año el primer galardón de los famosos Premios a la Solidaridad que cada año organizan. Allí fuimos tres personas: Elisa Álvarez, que trabaja como periodista en la revista; el fotógrafo Alex Rivera, al que admiro tremendamente y que, de hecho, es el fotógrafo elegido para hacer las fotos de este libro y, por último, yo misma.

No os podéis imaginar qué experiencia vivimos allí desde que aterrizamos en Nairobi para hacer noche antes de llegar a Congo. Estuvimos viviendo en un centro de monjas en el que –sobre todo, la hermana Josefina– nos cuidaron como si fuesen nuestras auténticas madres. Cada día visitábamos una nueva misión a cada cual más conmovedora. Nos dábamos cuenta de una forma clarísima de lo afortunados que somos. Entre otros, fuimos al centro de desnutrición infantil, a un campo de refugiados y a un pueblo de leprosos. En fin, sitios que se te quedan grabados en la memoria para siempre y que jamás se olvidan.

En estos lugares tienes que olvidarte del momento *cool* e ir vestida de una forma práctica y cómoda.

Es importantísimo pensar muy bien qué meter en la maleta, ya que tenemos que intentar que ocupe lo menos posible. Hay personas que incluso usan una mochila para poder llevarla en la espalda. Esto sería perfecto, por ejemplo, para ir en el famoso InterRail y recorrer Europa, viaje que muchos hemos hecho antes de empezar la universidad.

Para estas ocasiones, me parecen muy apropiados los pantalones *cargo* con miles de bolsillos (a ser posible desmontables para poder sobrevivir convirtiéndolos en bermudas en el caso de que haga un calor tremendo), camiseta básica, sudadera y botas estilo *trekking*.

Lo que más suele ocupar en una maleta son los zapatos. Además de las botas que lleves puestas. Es conveniente meter unos mocasines blanditos estilo Tod´s que pegan con todo y hacen descansar tu pie.

En lo referente a los jerséis, con llevar un forro polar es suficiente, además de una chaqueta abrigadita y no muy aparatosa que lleves puesta y pese poco. Por ejemplo, una parka militar sería perfecta.

Como complementos, no te olvides de incluir una gorra, unas gafas de sol, un pañuelo para el cuello, espray antimosquitos, una navaja multiusos (si consigues que no te la quiten en el avión), un chubasquero que ocupe poco, un minibotiquín de medicinas por lo que pueda ocurrir, una linterna de frente y un bolso bandolera para llevar apartadas las cosas que necesitas para que estén más a mano.

> *No concibo la moda como un disfraz.*
>
> Karl Lagerfeld

Intenta

> Embadurnarte bien con una crema solar de alto índice de protección.

> Llevar en la maleta ropa que te apetezca regalar para dársela a niños necesitados según la vayas utilizando.

> Usar siempre calzado cerrado con calcetines y evitar ir con el pie descubierto.

> Dejar que tu pelo se seque al natural pero no olvides el bote de proteínas –las que no necesiten aclarado– porque tu cabello lo agradecerá.

Evita

> Llevar contigo relojes o joyas buenas. Es el momento de usar un divertido reloj de Swatch porque si lo pierdes o te lo roban no te pesará tanto.

> No cargar con maquillajes porque en estos viajes no hacen faltan. Con una crema hidratante de color es suficiente.

Intenta

> Inspirarte en películas para buscar tu disfraz, te ayudará muchísimo.

> Llevar el maquillaje exagerado porque sí que es apropiado en esta ocasión.

> Si no encuentras nada en tu armario, alquilar el disfraz. Me encantan los sitios en los que tienen el vestuario propio del teatro o del cine.

Evita

> Ser sosa cuando vayas disfrazada. Tienes que tratar de meterte en el papel.

> Disfrazarte en la vida cotidiana.

Fiesta de disfraces

Siempre he sido bastante perezosa a la hora de disfrazarme porque es de esas cosas que no van conmigo. A mí me gusta tratar de estar siempre lo más natural posible y no tenerme que buscar un modelito más complicado de lo normal para ir a una fiesta.

Cuando de repente recibo una invitación que me obliga a ir disfrazada, antes de soltar un soplido de: «¡a ver qué se me ocurre ahora!», lo que suelo hacer es reinterpretar alguna pieza bonita de mi armario para crear un estilismo de otra época porque, eso sí, el disfraz rollo cachondeo está en mucha menor consonancia con mi personalidad. Prefiero los que me hacen estar elegante y con los que me siento guapa porque, al fin y al cabo, de eso se trata. No creo que me pusiera nunca un mono en la cabeza por mucho que le divirtiera a la gente, porque me sentiría ridícula. Pero, como digo, eso también es cuestión de la personalidad de cada uno.

A mí, en concreto, me encantan los años veinte y cincuenta. Y, en estas ocasiones, aprovecho una vez más para sentirme totalmente actriz de una película, poniéndome algo que no me atrevería a utilizar en situaciones normales. Mi madre hace ya tiempo me regaló un exquisito vestido de Lydia Delgado y, en muchas ocasiones, me reprocha lo poco que me lo pongo. Yo trato de explicarle que es un traje tan sumamente especial –para mí una auténtica joya– que merece sacarlo del armario para ocasiones que realmente valgan la pena. Esta sería una de esas ocasiones.

Lo más importante en estos casos es que busques unos complementos adecuados y que llamen mucho la atención. Un simple vestido negro, por ejemplo, puedes transformarlo en lo que quieras haciendo uso de distintos aditamentos. La peluca y los antifaces son un buen recurso para disfrazarte de una forma fácil y sencilla.

Hablando de disfraces, hay una cosa del mundo de la moda que me choca muchísimo. Cuando hay un evento importante, ya sea, por ejemplo, alguna de las *fashion weeks* de las distintas capitales del mundo, que se supone que son situaciones en las que hay que ir de uno mismo con un punto más *fashion* de lo habitual, mucha gente aprovecha para crear estilismos estudiados, poco naturales y supuestamente muy *cool*. No se dan cuenta de que lo que hacen es totalmente artificial y resulta ridículo. Cuando se dan este tipo de eventos hay que intentar ir guapa, cañera y a la moda, pero sin disfrazarse. Corres el peligro de acabar convirtiendo tu *look* en uno más propio del circo.

Imitando a mi icono

Este es el típico *look* que suele divertir mucho crear, porque hacer una reinterpretación de alguna actriz, modelo o cantante a la que admiras y de la que te enamora su estilo siempre te da facilidades para inspirarte a la hora de vestir.

Si tuviera que pensar en un solo icono de moda me costaría bastante decidirme porque tengo varios cuyo estilo es perfecto para imitar en las distintas ocasiones que se te presentan en la vida. Por ejemplo, escogería a Alexa Chung para ir a un festival de música, a Elle MacPherson para vestirme en plan *trendy,* a Gisele Bündchen para situaciones informales, a Diane Kruger para pisar una alfombra roja y, por supuesto, a los clásicos como Audrey Hepburn y Grace Kelly para ir a un elegante cóctel. Ya veis cómo en mi cabeza suelo tener miles de ideas para saber qué me pongo, que nacen de celebridades como estas que he nombrado.

Las películas, por ejemplo, son otra de las herramientas que me sirven para tener miles de sensaciones que luego aplico a mis estilismos diarios. No sé si la habréis visto pero una de mis favoritas es *Alta sociedad,* en la que Grace Kelly luce impresionante con unos vestidos que son de quitar el hipo. De hecho, el año pasado estuve en una exposición que se hizo en homenaje a esta famosa actriz en el Victoria and Albert Museum de Londres y me quedé fascinada al poder ver de cerca esas magníficas creaciones. Otro largometraje con el que me siento muy identificada es *Desayuno con diamantes* en la que Audrey Hepburn presenta unos elegantísimos diseños del que fue gran amigo suyo, Hubert de Givenchy. Es mítica la imagen de ella admirando el escaparate de la joyería Tiffany's de Nueva York con ese vestidazo negro y collar de perlas. Resulta curioso ver cómo hay películas que, aunque tengan varios años, presentan una ropa que jamás pasará de moda.

Pretty Woman es otra de las imprescindibles de mi filmoteca particular y que no me canso de ver. Todavía tengo en mi mente el clásico vestido de lunares que Julia Roberts llevó puesto para ir al polo o el espectacular vestido largo rojo de Cerruti que compró para asistir a la ópera en San Francisco.

Así que ya sabéis, si un día os veis con falta de ideas, solo tenéis que sentaros delante de la televisión a ver vuestros clásicos preferidos, porque supondrán una fuente de buenas ideas.

Intenta

> Reinventar los clásicos *looks* de tus iconos y no olvidarte de darles tu toque personal.

Evita

> Ir disfrazada. Por mucho que te guste y admires a Lady Gaga –cosa que a mí no me pasa–, no tienes que ir por la calle dando el cante.

Eventos especiales

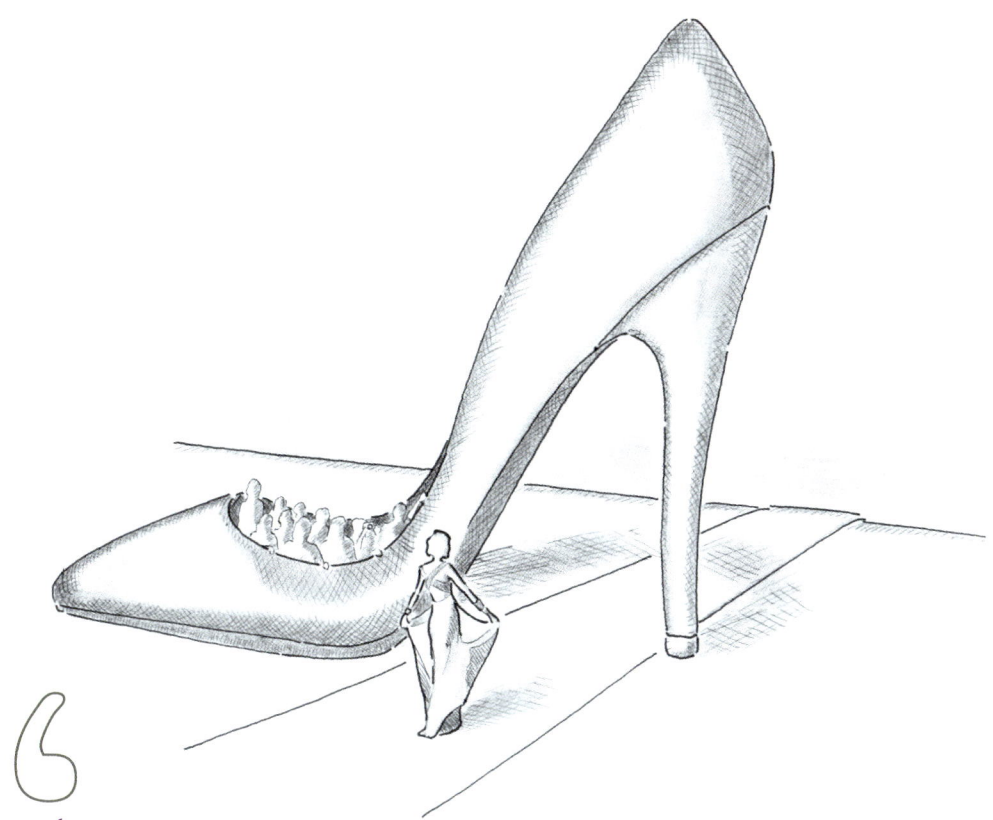

" Un buen vestido es el que provoca en la gente una emoción fuerte y es impecable técnicamente. Eso ha hecho que mi manera de trabajar fuera muy cara y larga. Cuando hago un vestido, es como si compusiera una melodía, le doy vueltas y más vueltas hasta que suena bien.

Sybilla

Bautizo o comunión

Mucha gente se agobia porque, cuando llega el momento de vestirse para alguno de estos dos acontecimientos, se pierden en el camino al intentar emperifollarse más de la cuenta y no aciertan con el modelito en cuestión.

Tener que ir a un bautizo o comunión implica vestirte un poco más de lo habitual pero sin necesidad de complicarte la vida. Si nos remontamos a la época de Grace Kelly o Jackie Kennedy, ellas solían vestir a diario de una forma elegante y nada aparatosa que hoy en día sería muy apta para este tipo de celebración.

Para empezar, olvídate de usar traje largo para estos dos momentos, porque la ocasión no lo requiere por mucho que te apetezca arreglarte o estrenar el traje que te compraste hace un tiempo.

Lo perfecto para usar en estos eventos es un vestido corto con un tejido delicado al que puedes añadir, si hiciera frío, un elegante abrigo tres cuartos del estilo del verde que usó Michelle Obama cuando nombraron a su marido presidente de Estados Unidos, diseñado por Isabel Toledo. Otra opción posible es usar unos elegantes pantalones que puedes combinar con una blusa de gasa o raso con caída. También te pueden funcionar con *top* y chaqueta a juego, ya que resulta muy distinguido. Aún recuerdo el estilismo que la modelo Elle MacPherson lució en el bautizo de su segundo hijo, que estaba compuesto por traje de chaqueta-pantalón blanco y una camisa de raso retro con mezcla de coloridos marrón y negro. Iba estupenda. Además, el corte del pantalón alto de cintura le sentaba de maravilla, y le daba un toque muy actual al *look*. No hay nada que soporte menos que ver a las mujeres vestidas de señoronas antiguas en estas ocasiones especiales simplemente porque piensen que es lo que toca. Si prefieres el estilo clásico, te propondría que te arriesgues un poco más con los coloridos zapatos. Elige un diseño diferente a lo habitual para que tu estilismo no resulte aburrido.

El estilo de las chicas en las que nos debemos fijar para inspirarnos en estas ocasiones es el de las princesas europeas como Mary Donalson, Letizia Ortiz, Kate Middleton, Marie Chantal Miller, la infanta Doña Elena o Máxima Zorreguieta. Ellas suelen tener que vestir con este tipo de *dresscode* para la mayoría de sus actos oficiales. Aparte de ellas, la reina Rania de Jordania sería otro claro ejemplo de cómo vestir adecuadamente en estos acontecimientos.

Intenta

> Al ser este tipo de eventos casi siempre de día o de tarde, no uses colores demasiado fuertes ni muy oscuros. Aprovecha que está permitido el blanco, no como en el caso de las bodas en las que se debe evitar.

> Ponerte un elegante *blazer* combinado con un traje corto o con pantalones.

> Usa un bolso tipo cartera pequeño con asa larga porque es muy *chic* y cómodo.

Evita

> Usar pamela.

> Llevar vaqueros, aunque sean de colores oscuros.

> Los tejidos brillantes o con lentejuelas.

> Las medias brillantes y las de color blanquecino.

> Usar medias con sandalias de tira fina. Quedan espantosas.

Vestirte para ir a una boda de día es lo más divertido del mundo. Solo tienes que poner a prueba tu imaginación para innovar y acertar con el tejido del vestido, el colorido y con los complementos. Tienes que evitar el típico estilismo de pereza. Es un error común de mucha gente confundir el hecho de tener que ir más vestida de lo normal con cambiar la propia esencia de la personalidad. Lo que acaba ocurriendo es que se oculta el espíritu juvenil que todas siempre llevamos dentro por intentar ir más sofisticada de lo habitual.

Lo primero que tienes que tener en cuenta es que el traje que elijas para ir como invitada a una boda de día debe ser siempre corto. Puedes optar también por llevar un traje de chaqueta. En cambio, es preferible que los pantalones los guardes en el armario en esta ocasión porque no son del todo correctos.

En estos casos siempre suelo escoger un traje sencillo. Me gusta darle más importancia a los complementos, sobre todo, al tocado o pamela que son piezas clave en este tipo de estilismo y nunca deben faltar.

Trata de buscar un equilibrio entre el vestido y el accesorio que te apetezca llevar sobre la cabeza para que el *look* no resulte demasiado recargado. Si el tejido de tu traje es estampado, lo ideal es que tu aderezo sea de un color liso y

Invitada a boda de día

bastante sencillo. En cambio, si la tela es de un color liso puedes jugar más con la elección del tocado y hacer que sea más sofisticado. Yo suelo decantarme por la segunda opción porque no me gusta ir con un aspecto muy barroco, ya que no es mi rollo. Sin embargo, hay personas como Naty Abascal, a la que considero la reina de las mezclas acertadas, que en estas situaciones suele arriesgar, consiguiendo un estupendo resultado.

No tienes que preocuparte si no tienes mucho presupuesto, porque para conseguir un tocado bonito, hoy en día, hay muchísimas facilidades. Hay tiendas que te lo alquilan y así te evitarás desembolsar una gran cantidad de dinero por una pieza que puede que no llegues a amortizar lo suficiente. Otra cosa es que seas coleccionista de sombreros y te apetezca ir ampliando tu muestrario poco a poco.

Hablando de sombreros, me apetece contarte una anécdota que viví con el diseñador más *top* de este tipo de complementos. Supongo que en algún momento habrás oído hablar de él. Se llama Philip Treacy y ha creado impresionantes tocados para las cabezas más famosas del mundo. Pues bien, la primera vez que Mr. Treacy visitó Sevilla fue en mayo de 2011. La sevillana Reyes Hellín, dueña de la tienda más *chic* de sombreros que tenemos en España, y a la que acude clientela incluso de otros países, organizó con mucho cariño todo el viaje de este fantástico creador. Entre otros planes, nos invitó a una exclusiva cena de quince personas en un restaurante muy conocido de mi ciudad, que se llama Oriza. Las chicas estábamos obligadas a llevar un sombrero y no os imagináis cómo nos lo pasamos. Fue entrar en el restaurante y no había una sola persona que no nos mirara con cara de «¡estáis locas!». Yo no podía parar de reír.

Ahí fue cuando me di cuenta de que es una pena que en España aún no haya gran afición por llevar algo en la cabeza, no solo en bodas de día, sino en situaciones normales de la vida cotidiana. Bajo mi punto de vista, es una pieza con mucha personalidad y que puede resultar elegantísima. En París, por ejemplo, se suelen ver muchísimas chicas por la calle con algún sombrero, y a todas les sienta de maravilla. Da una imagen muy femenina y distinguida. Así que te animo a que intentes ser un poco más atrevida.

Volviendo al tema que nos ocupa, hay muchas bodas en las que hay que cumplir un protocolo a la hora de vestir, como ocurre en las de la realeza. En la de alguna personalidad, como fue el caso de Eugenia Martínez de Irujo, por ejemplo, se obligaba a las invitadas a ir con mantilla blanca. En esos casos no tienes más remedio que ceñirte a las normas. La que siempre debe ir con matilla o, a lo sumo con un tocado importante, es la madrina de la boda. Por regla general, es la madre del novio. Si te toca este papel, lo ideal es que te busques un precioso traje largo sin cola.

> *A quien diga que la moda es algo frívolo lo mato; yo no he visto nunca un trabajo tan arriesgado que exija tantas horas, que convoque a tanta gente.*
>
> **Lydia Delgado**

Intenta

- Usar guantes largos de color claro como complemento. Lo ideal es que lleves uno puesto y otro quitado en el lado del bolso.
- En la iglesia, llevar siempre los hombros cubiertos.
- Utilizar joyas no muy recargadas y un bolso tipo cartera pequeño.
- No ponerte medias si hace calor, siempre que tengas unas piernas que puedas lucir.

Evita

- Perder tu naturalidad por sofisticarte demasiado.
- Llevar recogidos plagados de laca porque te harán mucho más mayor. Si llevas tocado o sombrero, no debes quitártelo durante el almuerzo.
- Las medias brillantes y las de color blanquecino.
- Los tejidos muy brillantes, por ejemplo, los de seda salvaje o lentejuelas. Te darán un aspecto muy cursi.
- Ir de color blanco porque queda reservado para la novia. Por otro lado, el color negro tampoco es lo más aconsejable porque puede dar una imagen demasiado triste a no ser que lo combines con otro color.
- Llevar los zapatos del mismo color o tela que el bolso. Resulta demasiado aburrido.
- Usar medias con sandalias de tira fina. Queda espantoso.

Invitada a boda de noche

Casarse a la hora de la puesta del sol es uno de los acontecimientos más mágicos que se pueden dar y, como invitada, es un buen momento que puedes aprovechar para ponerte guapísima.

Nunca te olvides de que el blanco es un color que no debes llevar jamás cuando estés invitadas a una boda. Si puedes, evita también el negro, aunque, si lo mezclas con unos complementos que le den vida, puede que esta tonalidad te acabe sirviendo.

Soy de las que siempre visten de corto para ir a las bodas porque es lo que me parece más apropiado, no obstante, en esta ocasión si se puede admitir que te pongas un traje largo. Pero no elijas el típico vestidazo demasiado sofisticado con cola, brillos y lentejuelas –en plan desfile de la alfombra roja– porque te pasarás de la raya y estarás fuera de lugar.

Otra de las cosas que tienes que evitar llevar a una boda de noche es sombrero o pamela, porque la idea original es que ambos complementos servían para proteger del sol y este no es el caso. Si te apetece llevar algo en la cabeza, que sea un sencillo tocado. Aprovecha, eso sí, para lucir tus maravillosas joyas.

De lo que no puedes prescindir es de los zapatos de tacón ya que estilizan muchísimo y, aunque a mí me encanta ir con zapato plano, esta es una de las ocasiones en las que no debes llevarlo porque le daría un punto demasiado informal al *look*.

El bolso siempre debe ser pequeño, tipo cartera o de asa larga, pero jamás grande y es preferible que no sea del mismo color del zapato. Este es un detalle que la mayoría de la gente piensa que es lo más apropiado. A mí me parece que denota falta de imaginación y resulta demasiado obvio.

Una de las grandes dudas que suelen surgir cuando este tipo de situaciones se dan en invierno es a qué pieza de abrigo podemos recurrir para que no estropee la estética general del *look* y que nos proteja bien del frío. Mi respuesta es siempre la misma: un sencillo chal. Si vas de corto, otra opción es llevar un elegante abrigo por la rodilla pero, si tu vestido es largo, solo es admisible el echarpe. A mí me encantan los que son tipo *pashmina* grandes de lana, de colores lisos y vistosos. Son los que más abrigan. También me gustan las capas.

Intenta

> Usar joyas y complementos que te iluminen.

> Aprovechar el momento para pintarte las uñas de un color especial.

Evita

> Ponerte sombrero o pamela.

> Usar ropa interior de encaje que luego sea demasiado evidente con los tejidos finos de tu vestido.

Funeral

Si te soy sincera, es muy poco apetecible hablar sobre este *look,* porque un funeral es uno de esos momentos por los que a uno no le apetece nunca pasar.

Por lo general es la familia de la persona que fallece la que suele guardar mejor las formas a la hora de vestir en estas situaciones. Fuera del círculo más íntimo, me quedo sorprendida al ver cómo hay personas que no son capaces de guardar ni un mínimo respeto cuando viven este momento. Lo que no es de recibo es ver cómo los que se supone que quieren dar su apoyo a los afectados, muchas veces no se toman la molestia de vestirse conforme a lo que la situación requiere. Es fácil ver asistentes vestidos de una manera totalmente inapropiada y desaliñada. Digo, además, «se supone que quieren dar su apoyo» porque no soporto cuando un funeral se acaba convirtiendo en un acto social, en el que la gente no para de saludarse. Demuestran con ello que van para ser vistos en vez de porque el corazón verdaderamente se lo pide.

Para dejarlo claro, considero que en estas ocasiones te debes vestir de una manera formal y lo más sobria posible. Siempre de color oscuro, que puede ser negro o azul marino. Además, evita ir cargada de complementos hasta las manillas, dando la sensación de que vas a un cóctel en vez de a un funeral. He visto en más de una ocasión a señoras vestidas y maquilladas de forma que parecía que estaban de fiesta en vez de en misa rezando por el alma de la persona que se fue. Por otro lado, puedes ir tanto con traje como con falda. Lo ideal, en este último caso, es que tenga un largo a la altura de la rodilla. También puedes recurrir a un elegante pantalón. Una cosa que debes evitar son las partes de arriba de tirantes, porque en un funeral no puedes mostrar los hombros.

En lo que respecta a la misa, aprovecho para decir algo que me deja con la boca abierta. Los domingos, sobre todo en verano, las pintas que llevan algunas personas para ir a la iglesia son de chiste. No se molestan lo más mínimo en disimular que están recién salidos de la piscina o de la playa. Llevan hasta *shorts* con chanclas y, como accesorio, arena en los pies. Respeto que haya gente que no crea en Dios y que ni se les pase por la cabeza ir a misa a dar gracias, pero lo que no es admisible es que los católicos practicantes no tengan el detalle de ir duchados, peinados y bien vestidos a un lugar de culto. Es lo mínimo que se puede pedir.

Intenta

> Usar el LBD (Little Black Dress) de tu fondo de armario pero con los menos complementos posibles. También aprovecha para sacar el jersey negro de punto estrechito que no sueles utilizar muy a menudo.

> Dar la opción a estampados en blanco y negro pero discretos.

> Recurrir al típico pantalón oscuro combinado con *top* de gasa color crudo.

> Ser clásica en tu estilismo.

Evita

> Los brillos y colores llamativos como rojo o amarillo.

> Las faldas o trajes demasiados cortos.

> El taconazo de fiesta.

> Las pamelas.

> Los escotes pronunciados.

> El rollo *fashion victim*.

Cóctel

Como norma general, cuando tenemos una cena o un evento hay que vestirse casi siempre tipo cóctel a no ser que sea un acto de alfombra roja o más informal.

Por eso, idealmente será bueno que tengas varias opciones en tu fondo de armario que poder rescatar para este tipo de ocasiones y que te puedan sacar de un apuro. Lo que mejor suele funcionar es el clásico vestido negro corto o LBD que podrás interpretar de infinitas formas diferentes teniendo en cuenta el uso de los complementos.

Lo primero que debes tener claro, es que para un cóctel es aconsejable que vistas de corto –por la rodilla–. También se puede admitir un *look* elegante con pantalones. Personalmente me entusiasma el estilo masculino que tenía la actriz Katherine Hepburn a la hora de vestir. Combinaba a la perfección pantalones de pinzas con maravillosas blusas de gasa así que, si te atreves, ese *look* será perfecto también para una cena que exija este tipo de *dresscode*.

Además de la protagonista de *La reina de África,* para vestir en estas ocasiones suelo inspirarme en otras míticas actrices como Grace Kelly y Audrey Hepburn que tenían un *charme* que hoy en día se echa mucho de menos en el mundo del celuloide. El típico vestido estrecho en cintura y con falda de vuelo, que en varias ocasiones lució Kelly, me ha servido de modelo, al igual que los típicos pantalones negros tobilleros combinados con bailarinas que eran ya habituales de Hepburn.

Aunque trabajo en moda, no soy persona de seguir por obligación las tendencias al pie de la letra. Lo hago siempre y cuando se ajusten a mi personalidad y mis gustos y es por eso por lo que no tengo ningún pudor en tener iconos antiguos, porque son con los que me siento más identificada.

En España, si tuviera que elegir a un personaje actual que viera de manera habitual en prensa vestida para un cóctel sería Isabel Preysler. Ella es la perfecta modelo para las más conservadoras, cuya idea es no meter la pata nunca, porque tiende a la sobriedad. Para las más atrevidas, elegiría como modelo a Naty Abascal, que suele apostar por estilismos más llamativos eligiendo extravagantes complementos, estampados, coloridos y osados tejidos.

Intenta

> Combinar pantalones tobilleros con zapatos de taconazo.

> Atreverte a llevar un tocado sencillo y especial, porque aportará una nota distintiva a tu estilismo.

> Incorporar tejidos de lentejuelas y estampados si el cóctel es de noche.

> Optar por estampados de tonos pasteles si el evento es de mañana.

> Probar con vestido cuyo largo sea a media pantorrilla siempre y cuando tengas las piernas finas.

Evita

> Los vaqueros aunque sean de color oscuro.

> Llevar traje largo.

> Los tejidos de punto porque son menos vestidos.

Evento trendy

Cuando hablo de este tipo de eventos me refiero a los que solemos tener las personas que nos dedicamos al mundo de la moda. Se trata de las maravillosas cenas que organizan distintas publicaciones para entregar sus premios anuales, inauguraciones de tiendas nuevas, presentación de nuevas colecciones de determinadas firmas, lanzamientos de perfumes o de algún otro producto, reconocimiento a algún profesional del sector, etc.

Hay épocas en que este tipo de acontecimientos se acumulan tanto en la agenda que, en vez de generar ilusión, los consideras un evento más al que hay que ir por temas de trabajo que, al fin y al cabo, es de lo que se trata por muy glamuroso que parezca. Por eso, me hace gracia cuando la gente que no trabaja en este mundo y ve en diferentes revistas fotos publicadas de los personajes que asisten a este tipo de *parties* para cotillear su modelito, siempre los tachan de «fiesteros» y de que no tienen otra cosa mejor que hacer que salir todas la noches y no es el caso. La mayoría de los allí presentes representan a alguna marca o publicación, o tienen alguna responsabilidad en el gremio y, por tanto, han de levantarse al día siguiente a las 8 de la mañana para ir a la oficina como todo hijo de vecino. Yo soy una de ellas.

La forma de vestir para asistir a un evento *trendy* o *fashion* depende del *dresscode* que dictamine quien invite. Puede ser desde ir de largo a una cena de gala, hasta de corto o con pantalanes a un cóctel en una boutique. Lo que sí es importante es sacarle el punto *fashion* al atuendo que toque.

Centrándome en el terreno español, que es el que más domino, la fiesta por excelencia son los Premios de Moda de la revista *Telva*. Fueron los pioneros en organizar este tipo de fiestas y siempre hay que asistir de riguroso largo. Lo mismo ocurre con los premios de la revista semanal *Yo Dona* y los Prix *Marie Claire,* que suelen tener lugar en la embajada de Francia en Madrid. Por otro lado, existen publicaciones como *Elle, Glamour, Vogue, GQ* y *Cosmopolitan* que no obligan a ir con traje largo a sus distintos *happenings*. Eso no quita que sea el momento para buscarte un estilismo arrollador y muy de tendencia dentro, por supuesto, de tus gustos.

Este año, por ejemplo, decidí ir a los premios *Elle* con un esmoquin compuesto por *shorts* negros y camisa sin mangas de jaretas con lazada en el cuello hecho a medida en Pedro del Hierro. Combiné el *look* con un maravilloso collar *vintage* y unas sandalias de plataforma y me divirtió mucho el resultado, sin dejar de ir con el grado de sofisticación que requería el momento. En estas ocasiones hay que tratar de innovar porque te lo pasas bomba.

A mí, en concreto, me encanta sentirme actriz e interpretarme para cada una de estas noches porque, ya que tengo que asistir por trabajo, es una forma de sacarle un punto animado a la ocasión. Por lo general, en la firma Pedro del Hierro, como responsable de comunicación que soy, me suelen hacer un traje a medida que el equipo de diseño piensa con tiempo y con mucho cariño. Para que el estilismo sea perfecto, también es importante que el maquillaje y el pelo estén impecables. En mi caso, siempre confío en Bobbi Brown y Cheska respectivamente porque adaptan a la perfección sus trabajos al diseño que vaya a lucir la noche en cuestión.

Intenta

> Ser *fashion victim* si es lo que te divierte. Ficha los estilismos que las revistas de moda suelen sacar en alguna de sus editoriales para poder inspirarte.

> Llevar brillos, lentejuelas, colores llamativos e, incluso, tocados o sombreros.

> Buscar zapatos divertidos que encajen contigo.

> Apostar por mezclas dispares de ropa.

> Pintarte las uñas de un color vistoso.

> En caso de que no se te ocurra nada, asegurar con el negro. Nunca te equivocarás.

Evita

> La sobriedad porque resulta aburrida.

> El típico traje de alfombra roja con cola de cuatro metros. Tampoco hay que pasarse.

> El *look sport*. Búscale siempre un toque sofisticado.

> El conservadurismo. Aprovecha este momento para sacar tu vena creativa a la hora de vestir.

> Ir vestida con algo por el simple hecho de que esté de moda. Lo más importante es que tú te sientas segura de ti misma con lo que llevas puesto. Así es como triunfarás.

> *Simplemente trato de hacer moda con un poco de poesía.*
>
> Gianfranco Ferré

Entre artistas

Para mí, ir a ver galerías de arte o museos es uno de los planes más divertidos que puede haber. Si verdaderamente uno actúa como una esponja absorbiendo todo lo que ve y siente cuando observa diferentes piezas de arte –ya sea una escultura, pintura, un edificio, etc.–, estos planes se convierten en un motor inspirador de tu vida. El arte enriquece muchísimo.

Hay que reconocer que siempre ha habido una pugna evidente entre personas que trabajan en el mundo de la moda –que suelen seguir las tendencias a rajatabla– y los que trabajan en el mundo del arte. Estos últimos son menos propensos a convertirse en *fashion victims* y optan por incluir en su armario piezas de diseñadores arquitectónicos que jamás pasarán de moda. El ejemplo perfecto de este tipo de ropa es la de Issey Miyake, creador de prendas con plisados muy significativos parecidos a los del español Fortuny (siglo XIX), que precisamente son consideradas verdaderas obras de arte.

La americana Peggy Guggenheim, por ejemplo, una de las más importantes coleccionistas y mecenas de arte y tercera esposa del pintor surrealista Max Ernst, elegía para vestir piezas muy importantes dignas de ser expuestas en un museo. Siempre dejaba patente su vena artística que la diferenciaba del resto de la población, porque estaba por encima de lo que dictara la moda. Peggy fue una mujer libre, que siempre hizo lo que quiso sin estar condicionada por los comentarios y las críticas. Te recomiendo la lectura de su libro autobiográfico *Confesiones de una adicta al arte.*

Cuando pienso en un *look* artístico, rápidamente mi mente se traslada al estilo de la española Rosario Nadal, que es *art dealer* de profesión. Ella siempre opta por un estilo sobrio y muy elegante. Lo consigue combinando sencillos pantalones con un *blazer* y zapato plano. No suele usar complementos pero, si lo hace, siempre serán pocas piezas y muy significativas. Para la noche opta por diseños de gran calidad, de sencillas líneas y poco llamativos.

Hablando de más mujeres relacionadas con el mundo arte, tuve ocasión de conocer a Elena Ochoa en la inauguración de una exposición maravillosa del artista Eduardo Arroyo en su espacio, Ivorypress. Ella es otra de las féminas más introducidas en este mundo, sobre todo, desde que se casó con el famoso arquitecto Norman Foster. Esa noche su *look* era de lo más sencillo y a la vez distinguido. Llevaba un pantalón negro, chaqueta beige y negra (muy estilo Armani) y un solo complemento que es lo que llamaba más la atención de su estilismo: unos inmensos y maravillosos pendientes verdes en forma de flor que le iluminaban la cara de una manera espectacular. Ese fue otro ejemplo más de que, a la

hora de vestir, las chicas del mundo artístico, por un lado, eligen ropa sencilla pero, por otro, escogen aditamentos que son verdaderas piezas de museo. Aunque hay excepciones, como es el caso de la conocida galerista española Juana de Aizpuru, que tiene un estilo mucho más atrevido.

Otro de los complementos más usados en estos ambientes son las gafas de ver, cuyos extravagantes diseños se usan como medio de comunicación para dejar patente el nivel de creatividad personal. Las gafas de pasta de distintas formas y colores son las preferidas de las personas que se mueven en estos círculos y a mí, personalmente, me divierte muchísimo ver cómo completan perfectamente un *look* artístico.

En el caso de querer hacer un *tour* artístico matutino, es importante el uso de un gran bolso donde quepan innumerables catálogos de las exposiciones y galerías que se visitan y, además, una libreta en la que puedas anotar tus gustos y preferencias para luego estudiar más a fondo al artista en cuestión.

- Leer sobre arte para cultivarte, y así poder mantener interesantes conversaciones con las personas que trabajan en este mundo.

- Empezar a invertir en arte en vez de gastar todo en ropa porque es algo que te durará toda la vida.

- Para el día, combinar un *look* formal de pantalones y abrigo tres cuartos con zapatillas de deportes de colores oscuros.

- Recorrer anticuarios en los que puedas encontrar valiosas piezas *vintage* como joyas retro o *art decò*.

- Sucumbir al fenómeno *fashion victim* porque es considerado hortera.

- Caer en un estilo demasiado dejado.

- Alejarte de los museos o exposiciones durante más de un mes. Inspira muchísimo.

- Ser demasiado original porque al final se nota cuando no se hace de forma natural.

Alfombra roja

Cuando escucho la expresión «alfombra roja» inmediatamente y, casi sin darme cuenta, me traslado a Hollywood. A esas fiestas glamurosas que se organizan dentro del mundo del cine como son los Oscar o los Globos de Oro y que tienen una gran repercusión mundial.

Cada año estoy expectante para analizar los estilismos elegidos por las actrices más famosas del mundo y que están estudiados al milímetro. Aunque parezca mentira, cada *look* lleva varios meses de preparación. Son auténticas puestas en escena que se trabajan como para una película. Comprenden desde la elección del vestido, las joyas, los zapatos, el bolso, el peinado y el maquillaje hasta la manera de posar con el traje. El éxito o fracaso depende del equilibrio en la unión de todos estos ingredientes. En concreto, los vestidos apropiados para esta ocasión son los más sofisticados, los que están hechos con materiales y telas más exquisitas, con los cortes más innovadores, etc. Suelen estar hechos a medida para la celebridad de la que se trate o forman parte de las colecciones de alta costura del diseñador elegido. Las firmas de moda matan por vestir a actrices en estas ocasiones tan señaladas ya que, al fin y al cabo, se consideran –cariñosamente hablando– escaparates andantes de la marca. A través de ellas se consigue una valiosa publicidad indirecta. Es por eso por lo que, a la habitual pregunta de si ellas suelen comprar los vestidos y las joyas que lucen, la respuesta evidente es que no porque, al fin y al cabo, están haciendo un gran favor a la marca en cuestión. La contrapartida al vestido que les prestan es la publicidad que hacen de la marca.

Un ejemplo es Penélope Cruz. Todavía recuerdo su maravilloso vestido azul marino con plumas de la colección alta costura de Chanel que en el 2008 combinó con unos pendientes de rubíes y un semirrecogido. Estaba espectacular y elegantísima. En cambio, el traje que escogió para recoger su Oscar de 2009 –un *vintage* de Pierre Balmain de hace 60 años– para mi gusto le dio a su aspecto un aire demasiado cursilón. Lo cierto es que los personajes públicos, o mejor dicho sus estilistas, tienen que invertir mucho tiempo en pensar cómo asistir a un evento «alfombra roja» al estar expuestos de una forma tan directa al público general. Es otra modalidad de lo que llamamos el precio de la fama.

En España, aunque existen los premios Goya de cine e importantes eventos de moda organizados por prestigiosas revistas, en ocasiones se echa en falta el *glamour* a la americana. Nos quedamos anclados en simples y ordinarios *photocalls*.

Está claro que el *look* «alfombra roja» es al que tienes que recurrir cuando estás en la lista VIP de la organización de dichos eventos, algo que no suele pasarle a todo el mundo.

Si tuvieras que asistir a un *happening* de este calibre, lo primero que deberías hacer es dejarte querer por alguna de esas marcas que te gusten especialmente. Su equipo de diseño te haría un vestido a medida para lucirlo en dicha ocasión. Como directora de comunicación de Pedro del Hierro, he vivido este complejo proceso creativo con varias estrellas, para las cuales el equipo de diseño de la firma se ha dejado la piel en hacer que luzcan espléndidas. Este ha sido el caso, por ejemplo, del vestido rojo que crearon para que Belén Rueda deslumbrara en la edición de los premios Goya 2012.

Conociendo todo el esfuerzo que hay detrás, intento dedicar más atención de lo usual para analizar el modelito que luce una celebridad en algún acto concreto. Hay veces en las que una acierta y otras en la que no está tan afortunada; sobre gustos no hay nada escrito y es muy difícil causar buena impresión siempre a todo el mundo. Si tuviera que elegir algunas actrices que la mayoría de veces aciertan cuando pisan una alfombra roja, esas serían Diane Kruger, Gwyneth Paltrow y Cate Blanchett.

> *La moda caduca pero el estilo jamás.*
>
> Coco Chanel

Intenta

> Llevar vestidos voluminosos o con cola.
> Plantearte la posibilidad de llevar una sandalias planas sofisticadas con un traje largo al estilo Elle MacPherson. Es muy *chic*.
> Recogerte el pelo. Es más vestido para estas ocasiones.
> Seguir los consejos de una buena estilista, porque siempre es positivo conocer la opinión de una experta.

Evita

> Recurrir a un estilismo-disfraz que te haga perder la esencia natural de tu personalidad.
> Ir en nada que se parezca a unos vaqueros, aunque sea combinándolos con un *top* sofisticado.
> Utilizar como complemento bolsos grandes.
> Ir muy recargada de joyas. Hay que utilizarlas en su justa medida.
> Ir muy apretada como suelen hacer Jennifer López y María Carey. No queda nada fino.

Nunca he sido gran fan de las fiestas de fin de año multitudinarias. No soy amiga del alcohol ni de trasnochar mucho y es justo en la última noche del año cuando la gente suele perder más los papeles, cosa que detesto. Por regla general, siempre me suelo decantar por pasar esta noche o en familia o con verdaderos amigos en un lugar tranquilo. Además, la mayoría de las veces suelo acabar metiéndome en la cama prontísimo, después de las campanadas.

Durante la noche de fin de año se admite todo. Puedes desde arreglarte poco porque tu plan sea totalmente informal, hasta atreverte con un *look* mucho más sofisticado. Depende de donde vayas, pero lo normal es que si ese día tienes una cena lleves un estilismo cuidado y más bien formal. En ese supuesto, aprovecha para sacar los tejidos de brillo del armario para que puedas estar más resplandeciente que nunca.

Lo que a mí me suele funcionar fenomenal es o un vestidito arreglado o un pantalón con americana. Me encantan las de terciopelo con forro interior de color vivo. Lo ideal es que los combines con un *top* de lentejuelas o una blusa de gasa.

Si en tu *look* no hay ninguna pieza que brille, será el momento de sacar del joyero un collar o unos pendientes resplandecientes para que te den luz a la cara. Ahí está la clave para que estés perfecta y puedas dar la bienvenida al año nuevo de la manera más luminosa.

Intenta

> Usar ropa interior roja para que te dé buena suerte.

> Innovar con el maquillaje empleando, por ejemplo, una sombra de ojos con brillantina.

> Usar traje largo en aquellas fiestas de fin de año que lo permitan.

> Apostar por colores como dorado, rojo, azul eléctrico o marino, morado o negro, ya que resultan perfectos.

Fin de año

Evita

> Usar zapato plano. Es el momento de ponerte unos buenos taconazos.

> Llevar la manicura mal hecha. Atrévete con un color vivo para pintarte las uñas como el rojo sangre de toro.

En pareja

" La elegancia no tiene nada que ver con lo que te pones encima ni con el lujo. Yo soy de los que dicen que el dinero no hace a una persona más elegante. Ir elegante no es vestir con ropa cara, sino ir adecuado a las circunstancias y a tu personalidad.

Ángel Schlesser

Cita a ciegas

Mientras escribo sobre este *look*, me entran escalofríos solo de pensar en este tipo de situaciones.

No sé si alguna vez un familiar o amigo os ha liado para que cenéis con el que acabará siendo vuestro gran amor, un ligue, simplemente un amigo o nada de nada… Nunca se sabe en la vida.

Este tipo de planes suelen surgir cuando gente que tienes a tu alrededor y que te quiere de verdad desea que encuentres a tu media naranja porque entienden que no hay nada más bonito que disfrutar de la vida en pareja. Si os digo la verdad, a mí es algo que me pone muy nerviosa porque soy de la teoría de que las cosas del amor deben seguir su destino y curso natural ya que, cuando las fuerzas, nunca salen bien.

Si por alguna circunstancia te vieras envuelta en una situación de este tipo, debes saber cómo ir impecable para estar a la altura de las circunstancias y pasarlo lo mejor posible.

A la mayoría de mis amigos estas situaciones no les salieron bien. Uno protestaba diciendo que la conversación de la chica que conoció esa noche era bastante aburrida y no sabía de qué forma acelerar la cena para volver pronto a casa; otra amiga me contó que quedó horrorizada cuando su *blind date* le dijo textualmente: «perdona, voy al servicio un segundo» y que en ese momento quería salir corriendo porque odiaba esa expresión, etc.

Al margen de esto, los solteros no deben perder nunca la esperanza y deben intentar sacar el máximo partido a una noche que puede ser inolvidable.

Mi primer consejo es ser uno mismo y actuar con total naturalidad en todo momento sin querer fingir lo que realmente no eres.

En cuestión de estilismo, ese día no elijas la ropa más *sexy* del planeta porque el primer mensaje que estarás dando a tu acompañante es «¡atácame!» y no se trata de hacer pensar eso porque lo más importante es que en la primera cita, aunque una sea divertida y encantadora, la idea es mostrarse un poco inaccesible. La forma en la que una persona viste es también una manera de comunicar. Hay una frase muy famosa que dice: «dime cómo vistes y te diré quién eres» y es por eso por lo que tenemos que ser muy cuidadosas.

Ese día optaría por el estilismo que más cómoda te haga sentir y que más encaje con tu gusto personal. Evita la transformación, el disfraz, porque terminarás atrayendo a quien no quieres. Yo, por ejemplo, me siento natural con unos vaqueros oscuros tipo pitillo, una camisa bonita y mi pelo recogido para evitar moverlo de un lado al otro al estilo de Carmina Ordóñez, que es un gesto que suele dar un efecto muy antinatural. Además, tiendo a dejar de lado los tacones de vértigo y opto por llevar zapato plano para no asustar a mi recién estrenado amigo. Pero eso ocurre en mi caso por mi altura, seguramente si midiera algo menos, optaría por llevar zapato alto ya que estiliza más.

Un consejo: si por suerte el chico que tienes enfrente te gusta, no dejes que te bese la primera noche. Le quitará magia al momento y es preferible que uses tus armas de mujer para no ponerlo fácil y que lo dé todo por hecho.

Intenta

> Ir un momento al baño a llamar a tu mejor amiga para contarle cómo va todo y si hace falta que te salve.

> Hacerle un cuestionario básico y distendido a lo largo de toda la cita, con preguntas claves sobre su vida, con la intención de poder conocerlo un poco mejor.

> Tomarte una copa para que se te quite la vergüenza inicial y así poder hablar con más tranquilidad.

> Si lo estás pasando bien… Irte a tomar algo después de cenar para seguir con la conversación o, incluso, a bailar un poco.

> Volver a casa relativamente pronto para evitar quemar la noche hasta las 7 de la mañana. No es el momento, habrá miles de ocasiones más.

Evita

> Escotes demasiado pronunciados, ropa muy ceñida, faldas o trajes demasiado cortos, estampado animal, transparencias y colores demasiado llamativos.

> Maquillarte en exceso ni utilizar perfumes con un olor demasiado intenso.

> Deslumbrarte con el coche que lleve tu cita a ciegas o el restaurante al que te invite.

> Pedir lo más caro del menú ni tampoco espaguetis porque son demasiado aparatosos para comer mientras alguien te está fichando.

> Hablar y hablar sobre ti y tu vida sin parar ni un solo segundo. Deja que él te pregunte.

Cena romántica

Es el momento de celebrar con tu novio o marido que lleváis un tiempo de plena felicidad compartiendo juntos vivencias inolvidables. Cada día que pasa te das cuenta de que es imposible poder quererle y admirarle más. Te encanta compartir con él todas las cosas que te pasan, desde las buenas, para poder festejarlas juntos, hasta las malas, para poder desahogarte con él y viceversa.

Hoy toca cena romántica con él y no vale ponerse cualquier cosa. Hay que currarse el estilismo y hacerle sentir que está con la mujer más atractiva del planeta. Saca todas tus armas de seducción y vístete guapísima para él, para que olvide la rutina. Eso no significa que tengas que vestirte para matar, pero sí que le des un toque diferente a tu *look*, aunque sea con un mínimo detalle.

Todo depende de su opinión. Los hay a quienes les gusta que su chica vaya lo más natural posible porque es como más guapa consideran que está o, por el contrario, a otros les apetecerá más ver a su amor reinterpretada cual «chica *boom*» porque no es como suelen verla y les parece divertido.

Dejar al descubierto los hombros y la clavícula es de las cosas más atractivas que hay. En ese sentido, son perfectos los trajes o *tops* con sutiles escotes, por ejemplo, tipo palabra de honor (siempre y cuando no tengas mucho pecho), barco (aunque más amplio de lo normal para que se pueda deslizar suavemente de un lado a otro), *halter*, etc.

El colorido es otro ingrediente importante que hay que tener en cuenta a la hora de vestirte para tu pareja. Con el enigmático negro siempre acertarás, el atrevido rojo resulta más provocador y el blanco es más bien virginal. Ten en cuenta los tejidos: los suaves con caída resultan siempre los más irresistibles.

En cuanto a los zapatos, hay varias versiones al respecto desde el punto de vista masculino. Hay algunos que prefieren a las mujeres con zapato plano porque las ven más recatadas y ya sabéis que, a veces, una forma discreta de exponerte resulta lo más sensual. Con el tacón lo que ocurre es que, aunque es *sexy*, puede resultar demasiado evidente y tienes que tener cuidado para que no llegue a resultar vulgar combinado con la ropa que hayas elegido esa noche. Por ejemplo, si lo que te apetece es ir con minifalda, es preferible no llevar un zapato muy alto porque lo hace más coqueto y te hará parecer más niña pequeña. Es gracioso porque en muchas ocasiones he oído decir a los chicos que las niñas vestidas con uniforme de colegio es como más atractivas están.

A la mayoría de los hombres también les gusta que las mujeres vayan poco maquilladas y para mi gusto es lo ideal porque así te expones tal y como la mujer que eres de verdad y de la que se enamoró tu chico hace ya tiempo. Pero, eso sí, es importante que no te olvides de la máscara de pestañas, porque hará que tu mirada sea aún más irresistible. Por otro lado, es vital hidratar tu piel para que dé

una sensación aterciopelada si de repente se escapa alguna cariñosa caricia. El uso de un perfume sutil también te da un toque muy carismático.

En cuanto al peinado, es preferible que deje al descubierto el cuello porque es mucho más especial pero, eso sí, evita llevarlo recogido de una forma tirante porque resulta siempre más formal. Lo ideal es que te hagas un moño natural en casa y le añadas una horquilla con brillitos o pequeños detalles para darle un toque diferente. Si no te apetece llevarlo recogido, no te preocupes porque el pelo suelto también es una opción factible.

Intenta

> Tomarte esa cita con la misma ilusión que si fuera la primera.

> Incluir en tu estilismo algo que tu pareja nunca haya visto.

> Llevar ropa interior coqueta. Opta por tejidos de encaje porque resultan de lo más sensuales.

> Crear un ambiente agradable, romántico y repleto de magia. Cuando dos personas se quieren, crear esa chispa es fácil. Es el momento de las confidencias, de olvidar los problemas, de hablar de lo que os une, de mostrarse divertidos, de intentar hacer feliz a tu pareja con aquello que sabes que tanto le gusta.

> Elegir un sitio con buena iluminación, porque tiene un papel decisivo. La mejor atmósfera es aquella en la que os encontraréis a media luz.

Evita

> Descuidar tu *look*. Dale a tu aspecto la importancia que tiene, al igual que lo que significa para ti tu pareja y, si no te sientes animada, lo mejor es dejarlo para otra ocasión.

> Tener el móvil encendido. Apágalo para mantener una intimidad con tu pareja. Son especialmente inoportunas las interrupciones de tus amigos y de tu familia en este contexto. Recuerda que en una cena romántica los protagonistas indiscutibles sois tú y tu pareja.

> Usar tejidos bastos al tacto.

> Llevar ropa con volumen o vestidos tipo trapecio porque son menos femeninos.

¡Me caso por lo civil!

Por fin ha llegado el momento que más has esperado… Es la hora de decirle «sí quiero» a la persona de la que estás profundamente enamorada, porque si en realidad tu sentimiento no es ese, lo mejor es evitar una unión sea de esta forma o de cualquier otra.

Lo normal es que, si te casas por la Iglesia, este tipo de boda esté incorporada en el procedimiento como una simple firma al final de la ceremonia.

Si careces de creencias religiosas o, sencillamente, tú o tu futuro marido estáis divorciados, tienes que saber sacarle el máximo jugo a la opción de casarte por lo civil.

Personalmente, no sería nada partidaria de ir a un juzgado a casarme. Además, de que estéticamente suelen dejar mucho que desear, me parecen sitios fríos e impersonales. Por tanto, yo optaría por intentar ser más creativa y organizar una boda civil romántica en un sitio que te parezca especial, ya sea dentro de algún ayuntamiento bonito o en el lugar con el que siempre habías soñado, aprovechando la buena disposición que la administración tiene en algunos casos.

Cada persona es libre de hacer lo que quiera pero hay que tener claro que el secreto para casarte por lo civil con el *look* perfecto radica en dónde organices la boda. Siempre tendrás que dejar patente tu elegancia tanto si te casas en un palacio como si es tirándote en paracaídas. De hecho, mi definición de elegancia es saber adaptarse a cada situación sin perder tu esencia personal.

En el supuesto más habitual, que es casarte en un juzgado o ayuntamiento, opta por un estilismo más formal compuesto por un vestido corto (el largo lo veo excesivo) o, incluso, unos elegantes pantalones combinados con una blusa o *top* de gasa. Lo perfecto es que los tejidos no sean muy brillantes porque puedes parecer demasiado cursi. Se aceptan, además del clásico color blanco, los tonos pasteles como el azul claro suave y el rosa palo. La idea es que aparezcas digna, elegante y sobria sin pretender hacer pensar a tus invitados que te estás casando en una catedral, porque no es el caso. En este tipo de evento también evitaría las pamelas y los ramos de flores demasiado llamativos.

Si lo que te apetece es casarte de una forma más especial, como decía antes, tu forma de vestir dependerá del lugar que elijas para ese momento único. Por ejemplo, si sueñas con que sea en una playa, lo ideal es que busques un vestido largo de estilo *adLib*. Puedes hasta ir descalza si te apetece y ponerte flores en el pelo, porque le da un aspecto *hippie* muy romántico, que es perfectamente válido en ese ambiente.

Si optas por una boda divertida en Las Vegas –que jamás olvidarás–, tu conjunto tiene que ir en consonancia con la atmósfera. Te podrías incluso

casar en vaqueros blancos si es lo que realmente te hace ilusión. Pero, eso sí, sea cual sea la situación, el momento y el lugar elegido, lo más importante es que tengas claro que una novia siempre debe tener un aspecto muy cuidado y tratar de estar lo más guapa posible durante ese día. No por haber decidido celebrar una boda civil más informal, significa que tu *look* no deba estar cuidado al milímetro.

Intenta

> No descartar la opción de usar tonalidades pasteles para el traje, además, del blanco.

> Hacer hueco en tu estilismo a un tocado especial.

> Que te case un embajador en otro país, un piloto en un avión o un capitán en un barco, porque son opciones admitidas, divertidas y diferentes.

> Invitar a la gente con la que de verdad te haga ilusión compartir ese momento. Lo vivirás de una forma diferente a si lo hicieses con gente con la que no tienes confianza y los consideras meros compromisos.

> Sellar la unión con un gran beso cuando os declaren marido y mujer.

Evita

> Los escotes demasiado extravagantes.

> Las transparencias.

> Estar más alta que el novio.

> Los vestidos demasiado sofisticados al estilo «alfombra roja».

> Usar velo porque no es el momento.

¡Me caso por la iglesia!

Desde pequeñas, todas las chicas soñamos con que nos llegue el momento de entrar por la puerta de la iglesia del brazo de nuestro padre para casarnos con el hombre del que estamos locamente enamoradas. Lo que ocurre es que, al final, todo lo que habías pensado y deseado desde siempre suele transformarse en algo totalmente diferente. Ni el sitio es el mismo, ni el traje, ni los invitados…Todo cambia dependiendo de con quién te cases, dónde, cómo y cuándo.

Lo que no puedes olvidar, es que el día de tu boda lo guardarás en tu recuerdo para siempre y, por tanto, es la perfecta ocasión para ponerte más guapa que nunca e ir totalmente a tu gusto. Aprovecha las semanas anteriores para hacerte unos cuantos tratamientos de belleza. Unos que aporten luz a tu cara y la limpien e hidraten en profundidad. Otros para nutrir, aportar brillo y volumen a tu pelo. Además, los masajes relajantes, el *peeling* corporal, la pedicura y la manicura te dejarán radiante para tu gran día. Por otro lado, es importante que hagas previamente pruebas de maquillaje y peinado. De esa manera tendrás más clara tu idea antes de que llegue el ansiado momento y evitarás acabarte agobiando.

No soy la más apropiada para decirte cómo deberías vestirte el día de tu boda porque, en este momento tan especial, a quien debes escuchar, sobre todo, es a ti misma. Trata de ir totalmente a tu gusto, aunque puedes dejarte asesorar por tu madre o hermana ya que, aparte de compartir el divertido momento preboda, te aconsejarán bien. Debes tener en cuenta tu anatomía corporal a la hora de elegir tu vestido y saber qué tipo de escote y corte te favorecerá más. Además, es muy importante el tejido que vayas a escoger para que se adapte de una forma sutil a tu cuerpo. El tipo de traje también depende de dónde te cases. No es lo mismo que sea en un lugar de playa, de campo o en la ciudad a la hora de elegir tu *look*. Lo que sí deberías tener claro, es que lo ideal es ir vestida de largo y de color blanco, aunque luego te apetezca añadir accesorios de otra tonalidad porque los consideres más divertidos. Otra cosa que te aconsejaría es llevar los hombros cubiertos, al menos, en la iglesia.

En cuanto al velo, en el caso de querer llevarlo, tengo que decirte que a mí personalmente me gustan los de tejidos suaves con aire antiguo, con pocos encajes y que sean bien largos.

Si hablamos de las joyas, todo depende también de tus gustos. Yo, en particular, soy bastante sencilla y no me gusta

ir recargada. Creo que lo perfecto son un par de pendientes luminosos. Solo me pondría corona o diadema en caso de tener una maravillosa heredada de una antepasada de la familia porque, en caso contrario, prefiero no llevar nada en la cabeza. A lo sumo, me pondría un broche en la parte de atrás del recogido o alguna que otra flor pequeñita repartida por el pelo, ya que le dan un toque muy romántico al estilismo.

Con los zapatos puedes jugar bastante y elegir unos diferentes a lo habitual. No tienen por qué ser del mismo tejido del traje ni tampoco blancos. Una vez fui a una boda y vi que la novia llevaba unos salones plateados y le quedaban ideales. Y, si tu novio es más bajito que tú, deberías tener mucho cuidado con el tacón que te pones.

Aparte de esto y siguiendo la tradición, no olvides que debes llevar algo azul (una liga, por ejemplo), algo nuevo, algo viejo y algo prestado (una joya). Te dará muy buena suerte.

Es importante que tengas preparado también el camisón que usarás esa noche. Que sea lo más especial y delicado. Yo, hace tiempo, fiché uno en la tienda de La Perla de Las Rozas Village, lo compré y lo tengo guardado como oro en paño hasta que llegue el momento de estrenarlo.

Dejando aparte el vestido, la organización del evento deberías cuidarla al detalle. Desde la invitación, al lugar de la cena, pasando por la música, los invitados –evita los compromisos de gente con la que realmente no os hace mucha ilusión compartir vuestro gran día–, la decoración de las mesa, el menú y la tarta de novios.

Todo eso funciona y sale de maravilla cuando se hace con amor, ilusión y cariño. Disfruta de cada segundo de preparación, no te agobies con nada y ten paciencia porque el proceso creativo para que sea perfecto requiere su tiempo. Piensa que estás celebrando la unión para siempre con el hombre de tus sueños y que todo lo que ocurre alrededor es un extra a lo más importante que, al fin y al cabo, sois tu futuro marido y tú.

Intenta

> Buscar un ramo con tus flores predilectas. No te olvides de tirarlo durante la cena a tus amigas para ver quién será la próxima en casarse.

> Llevar un pañuelo a la iglesia por si se te escapan algunas lagrimillas de emoción.

> No confiarte con los tiempos de la planificación porque los meses pasan volando y te puede pillar el toro.

Evita

> Los escotes demasiado exagerados. Procura ser comedida porque se trata de parecer lo más angelical posible.

> Las transparencias y los tejidos con mucho brillo.

> Maquillarte de manera estrambótica. Es el momento de dulcificarte más que nunca.

Créditos de las fotos

Presentación

Traje del ARMARIO DE MARÍA LEÓN, anillo de BÁRCENA y pamela de MIMOKI.

Prólogo

Vestido ARMAND BASI, bolso FUN & BASICS, chubasquero TOP SHOP. Botas y sombrero del ARMARIO DEL MARÍA LEÓN.

En casa

Pijama

Camiseta TOP SHOP, pantalón RALPH LAUREN, medalla ELENA C., ropa de cama LEXINTONG.

De relax en casa

Camisa PEDRO DEL HIERRO HOMBRE DEL ARMARIO DE MARÍA LEÓN, medalla de CAPUCINE POINTILLART. Suelo y mantel de lino de FEDERICA&CO.

Limpieza y orden

Camiseta SISTER JANE, peto y cinta del ARMARÍO DE MARÍA LEÓN, zapatillas ALL STAR CONVERSE. Escalera de PASSAGE PRIVÉ. Mantel de FEDERICA&CO.

Recibir en casa

Camisa RALPH LAUREN, kimono ARMARIO DE MARÍA LEÓN, pantalón, anillo y pendientes VINTAGE. Sillón INDIETRO.

Salgo rápido de casa

Jeans blancos y sudadera de ARMARIO DE MARÍA LEÓN
Blazer de PEDRO DEL HIERRO
Gafas de RAY BAN.

Con la familia

El sí de las mamás

Vestido PEDRO DEL HIERRO, anillo VINTAGE, pendientes ELENA C.

Para quedar con tu suegra
Chaqueta y blusa de SISTER JANE, vaquero PEDRO DEL HIERRO, bolso CHANEL, collar ARMARIO DE MARÍA LEÓN, cinturón VALLI.

Herencia de la abuela
Abrigo VINTAGE DEL ARMARIO DE MARÍA LEÓN, guantes MANGO, corona BÁRCENA, bolso GUCCI VINTAGE del ARMARIO DE MARÍA LEÓN.

En el trabajo

Trabajo formal
Pantalones de GILLES RICART (hechos a medida) del ARMARIO DE MARÍA LEÓN, jersey HUGO BOSS (LA ROCA VILLAGE), bolso LOUIS VUITTON, anillo MARC JACOBS, bolígrafo colgante de CAMPO MARZIO.

Trabajo creativo
Blazer BIMBA & LOLA, cardigan PEDRO DEL HIERRO, camiseta GUCCI, reloj y tirantes ARMARIO DE MARÍA LEÓN, calcetines PUNTO BLANCO, borsalino FURLA (LA ROCA y LAS ROZAS VILLAGE),

Zapatos URSULA MASCARÓ, portfolio SPAZIO DOLCE & GABBANA (LA ROCA y LAS ROZAS VILLAGE).

24 horas fuera de casa trabajando
Vestido PEDRO DEL HIERRO, gafas ARMARIO DE MARÍA LEÓN, maxi *blazer* PEDRO DEL HIERRO, cinturón VINTAGE DEL ARMARIO DE MARÍA LEÓN, bailaría PRETTY BALLERINAS, pashmina del ARMARIO DE MARÍA LEÓN, reloj SWATCH, anillo YSL, sandalias del ARMARIO DE MARÍA LEÓN, cartera FUN & BASICS, bolso HÉRMES, agenda de PEDRO DEL HIERRO.

Bloguera
Camiseta ZOE'S, *short* VINTAGE DEL ARMARIO DE MARÍA LEÓN, cinturón COMPTOIR DES COTTONIERS, pulseras H&M, bolso VINTAGE, collar MIMOKI.

¡Me voy de *casting*!
Legging SITA MURT (LAS ROZAS Y LA ROCA VILLAGE) cinturón SPAZIO DE DOLCE & GABBANA (LAS ROZAS Y LA ROCA VILLAGE), bolso LOUIS VUITTON, cazadora SILVIAN HICH PARA ESPACIO DE CREADORES (LAS ROZAS Y LA ROCA VILLAGE), pulsera BIMBA & LOLA (LAS ROZAS Y LA ROCA VILLAGE), botas ESPACIO DE CREADORES (LAS ROZAS Y LA ROCA).

Con los amigos

El *brunch* con amigos

Parka y camisa del ARMARIO DE MARÍA LEÓN, vaquero ACNE, camiseta HAZEL, bailarina PEDRO DEL HIERRO, foulard CHANEL, bolso VINTAGE, Pulsera BIMBA & LOLA (LAS ROZAS Y LA ROCA VILLAGE), collar MIMOKI, cinturón OLIMPO.

Cena de verano

Vestido DIANE VON FUSTENBERG DEL ARMARIO DE MARÍA LEÓN, pendientes VINTAGE, brazalete ARMARIO DE MARÍA LEÓN.

Concierto

Legging ESPACIO DE CREADORES (LAS ROZAS VILLAGE), camiseta AMERICAN EAGLE, cruces y chaleco ARMARIO DE MARÍA LEÓN, *blazer* PEDRO DEL HIERRO (LAS ROZAS VILLAGE). Pulsera de BIMBA & LOLA (LAS ROZAS VILLAGE Y LA ROCA VILLAGE).

Camiseta y jeans

Vaqueros DIESEL; camiseta THE HIP TEE con diseño de MARÍA LEÓN.

Para estar en forma

¡Me siento gorda!

Legging y camiseta TCN (LA ROCA Y LAS ROZAS VILLAGE), cardigan de PEDRO DEL HIERRO, bolso del ARMARIO DE MARÍA LEÓN, bailarinas PRETTY BALLERINAS, medalla ELENA C., pulseras FUN & BASICS. Maniquí bajo y regla de madera de TADO. Maniquí alto de PASSAGE PRIVÉ.

A esquiar

Cazadora de PEDRO DEL HIERRO, bufanda ROBERTO VERINO, jersey CARACTÉRE, pantalón SPYDER, mitones ROBERTO VERINO, botas UGG. Gafas del ARMARIO DE MARÍA LEÓN. Jersey de CÀRACTERE de LA ROCA VILLAGE. squíes de EL DESVÁN DE ENRICO.

En el gimnasio

Leggins, camiseta, sudadera, chaqueta y zapatillas del ARMARIO DE MARÍA LEÓN.

Jugando al golf

Polo, cinturón y pantalones de LACOSTE, zapatos de MYJOYS DE FOOTJOY (hechos a medida) y gorra del

ARMARIO DE MARÍA LEÓN. Calcetines de PUNTO BLANCO de LAS ROZAS Y LA ROCA VILLAGE.

En el spa
Bañador y toalla ARMARIO DE MARÍA LEÓN.

Como el tiempo...

¡Qué calor!
Sombreros MIMOKI, vestido ACCESSORIZE, pulseras ARMARIO DE MARÍA LEÓN.

Para bajar a la playa
Sombrero ACCESSORIZE, bolso ARMARIO DE MARÍA LEÓN, caftán y *short* ARMARIO DE MARÍA LEÓN, Pulsera mariposas ELENA C. Tumbona de FEDERICA&CO.

¡Al agua!
Bañador TCN DEL ARMARIO DE MARÍA LEÓN.

Hoy llueve
Vestido ARMAND BASI, bolso FUN & BASICS,

chubasquero TOP SHOP. Botas y sombrero del ARMARIO DEL MARÍA LEÓN.

Para todo tipo de planes

¡Me voy de compras!
Vestido del ARMARIO DE MARÍA LEÓN.

Para el campo
Camiseta, *short*, borsalino y gafas del ARMARIO DE MARÍA LEÓN.

Un día en barco
Camiseta, *short*, borsalino y gafas del ARMARIO DE MARÍA LEÓN.

Una tarde de toros
Pantalón PEDRO DEL HIERRO, camisa y torera ARMARIO DE MARÍA LEÓN.

Flamenco
Vestido PEPA GARRIDO DEL ARMARIO DE MARÍA LEÓN.

Semana Santa
Vestido PEDRO DEL HIERRO.

Ópera
Chaqueta SISTER JANE. Camisa y anillo del ARMARIO DE MARÍA LEON. Pantalon de SISTER JANE.

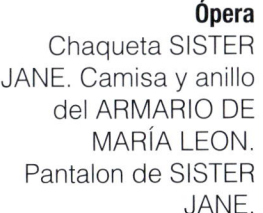

Para viajar en avión
Gabardina, vaquero y foulard del ARMARIO DE MARÍA LEÓN, cinturón HERMÉS, mocasines MANOLITOS.

Viaje aventurero
Camiseta THE HIP TEE, pantalón y botas del ARMARIO DE MARÍA LEON, pañuelo ETIOPIA. Cajas de THE WORKSHOP.

Fiesta de disfraces
Vestido de LYDIA DELGADO DEL ARMARIO DE MARÍA LEÓN. Guantes, boa y banda VINTAGE.

Imitando a mi icono
Collar ELENA C., vestido PEDRO DEL HIERRO, gafas de OPTICA TOSCANA, broche BARCENA, abrigo CARACTÉRE (LA ROCA VILLAGE).

Eventos especiales

Bautizo o comunión
Vestido TERESA HELBIG. Bolso CHANEL. Collar VINTAGE. Zapatos LA PERLA.

Invitada a boda de día
Vestido CUQUI CASTELLANOS DEL ARMARIO DE MARÍA LEÓN. Tocado MIMOKI. Bolso ARMARIO DE MARÍA LEÓN.

Invitada a boda de noche
Vestido VICTORIO y LUCCHINO VINTAGE DEL ARMARIO DE MARÍA LEÓN.

Funeral
Chaqueta SISTER JANE. Jersey HOSS INTROPIA de LAS ROZAS y LA ROCA VILLAGE. Pantalón COMPTOIR DES COTONIERS de LAS

ROCA VILLAGE. Bolso PEDRO DEL HIERRO.

En pareja

Cóctel
Vestido ARMARIO DE MARÍA LEÓN, bolso UTERQÜE.

Evento *trendy*
Chistera MIMOKI, camisa de PEDRO DEL HIERRO ALTA COSTURA.

Entre artistas
Mono de ARMAND BASI de LAS ROZAS y LA ROCA VILLAGE, collar de CAT. Escultura de JUAN GARAIZABAL.

Alfombra roja
Vestido PEDRO DEL HIERRO ALTA COSTURA, pulseras VINTAGE.

Fin de año
Antifaz ARMARIO DE MARÍA LEÓN, chaqueta VINTAGE, body LA PERLA.

Cita a ciegas
Bolso FUN & BASIC, bailarinas PRETTY BALLERINAS, anillo BARCENA, blusa RALPH LAUREN, vaquero ACNE DEL ARMARIO DE MARÍA LEÓN, cuello de pelo DE NELSY CHELALA DEL ARMARIO DE MARÍA LEÓN.

Cena romántica
Bolso OYSHO, vestido GUCCI, sandalias de VICTORIO y LUCCHINO del ARMARIO DE MARÍA LEÓN.

¡Me caso por lo civil!
Vestido DKNY. Abrigo TARA HARMON Zapatos LA PERLA. Corona de flores SISTER JANE. Ramo THE WORKSHOP.

¡Me caso por la iglesia!
Pendientes BARCENA. Top LA PERLA. Flores THE WORKSHOP.

Agradecimientos

Antes que a nadie, a LID Editorial, por darme la oportunidad de cumplir uno de mis sueños más anhelados: tener este ilusionante libro en mis manos.

Al Grupo Cortefiel, en especial a Pedro del Hierro, una marca a la que tengo un enorme cariño. Me siento feliz de haber podido colaborar en el pasado como su directora de Comunicación.

A Inma Barandica, una de las mejores estilistas que tenemos en nuestro país. Gracias por tu profunda amistad y por tu profesionalidad porque no sé que hubiese hecho sin tu ayuda y sin tus ánimos. Y a su ayudante Pati que es otra crack!!!

Al fotógrafo Alex Rivera, al que conocí en un inolvidable viaje al Congo. No puedes transmitir más buen rollo además de hacer unas fotos geniales, querido *musungu!!!!*

A la peluquería Cheska de Madrid por cuidar con tanto cariño mi pelo. En especial a María Baras que ha sido la creadora de los maravillosos peinados que veis en este libro. A ella la llamaría «la escultora del pelo» porque es increíble el arte con el que lo maneja.

A Bobbi Brown, por preocuparse siempre de que vaya perfectamente maquillada a todos lados y también en todas las fotos de este libro.

A Antonio Porteiro, del Estudio Q17, por dejarnos su magnífico espacio sin medir las horas. No hay otro tan completo en Madrid.

A la atrezista Irene Garro, por mantenerse siempre llena de energía decorando de manera espectacular todo y dando ánimos al equipo en todo momento.

A la esteticista Carmen Navarro, por ayudarme a mantener mi piel cuidada con sus delicados tratamientos.

Al mejor creativo, Ricardo Almendros, por darle forma, sin rechistar, a todos mis caprichillos de diseño desde hace años.

A la joyería Bárcena y a Elena C. por contribuir al estilismo de estas fotos con sus impresionantes piezas que tanto me hacen soñar.

Y, por último, a Juan Garaizabal por darle ese toque artístico a este libro con sus originales dibujos.

Este es el mejor equipo del mundo, que ha hecho posible la realización de las fotos del libro. Estos son sus datos de contacto:

Fotografía: Alex Rivera (www.alexrivera.es).
Ayudante de fotografía: Noel Suárez.
Directora de estilismo:
Inma Barandica.
Ayudantes de estilismo: Patricia Riego, Ana Abella, Desiré Cuero.
Peluquería: María Baras de Cheska (www.cheska.es).
Maquillaje: Noelia Almendros y Ana Moreno de Bobbi Brown (www.bobbibrown.es).
Estética: www.carmennavarro.com.
Joyería: Bárcena www.joyasbarcena.com y Elena C. www.elenac.es.
Coordinación de atrezo: Irene Garro.
Decoración: The Workshop (www.theworkshopflores.com), In Dietro (www.indietro.es), Passage Privé (91 369 15 96), TADO (91 369 07 34), Federica&Co (www.federicastories.blogspot.com).
Escultura Pan: www.juangaraizabal.com.
Estudio de fotografía: Q17 (www.q17.es).
Catering: Sushita (www.sushita.com).

24 años

nos queda mucho por hacer

- 1993 Madrid
- 2008 México DF y Monterrey
- 2010 Londres
- 2011 Nueva York y Buenos Aires
- 2012 Bogotá
- 2014 Shanghái y San Francisco